Anne Brunner

AF177708

Die Kunst des Fragens

5. Auflage

HANSER

Bibliografische Information der Deutschen Nationalbibliothek
Die Deutsche Nationalbibliothek verzeichnet diese Publikation in der Deutschen Nationalbibliografie; detaillierte bibliografische Daten sind im Internet über http://dnb.d-nb.de abrufbar.

© 2017 Carl Hanser Verlag München
www.hanser-fachbuch.de

Lektorat: Lisa Hoffmann-Bäuml
Herstellung: Thomas Gerhardy
Grafiken: Klaus Brunner
Umschlaggestaltung: Parzhuber & Partner GmbH, München
Umschlagrealisation: Stephan Rönigk
Druck und Bindung: Kösel, Krugzell
Printed in Germany

ISBN 978-3-446-45034-9
E-Book-ISBN 978-3-446-45065-3

Vorwort

Die vorliegende Auflage wurde gründlich überarbeitet. Das erste Kapitel wurde neu verfasst und aufgenommen. Zahlreiche Abbildungen wurden neu erstellt oder ergänzt. Die Literaturliste wurde aktualisiert, Zitate und Fragesammlungen mit genaueren Quellenangaben versehen. Der Inhalt der Fragen-Truhen (früher Fragen-Boxen) wurde auf jeweils zehn relevante Fragen komprimiert. Die Fragebögen, die man am Ende an sich selbst richten kann, wurden überprüft und genauere Quellen angegeben. Einige wurden gestrichen oder neu eingesetzt.

Besonderer Dank geht an den Grafiker (KB). Er hat sämtliche Strichzeichnungen per Hand erstellt, und auch gründlich Korrektur gelesen. Dank geht auch an aufmerksame Leser für ihre Resonanz und Anmerkungen. Danke auch an die Ansprechpartner im Verlag, die eine neue Auflage angeregt und begleitet haben.

Eine der wichtigsten Schlüsselkompetenzen ist das *lebenslange Lernen*. Der vorliegende Band zielt darauf, dafür Bausteine zu liefern, die Weiterbildung und Kompetenzentwicklung zu fördern. Dabei wünschen wir Ihnen viel Freude und Erfolg!

Anne Brunner
München 2017

Hinweis:

Der Einfachheit halber wird im Regelfall die männliche Form gewählt. Selbstverständlich sind Männer und Frauen gleichermaßen angesprochen.

Inhalt

1 Fragen und Schlüsselkompetenzen

Das Leben selbst ist es, das dem Menschen Fragen stellt. Er hat nicht zu fragen, er ist vielmehr der vom Leben her Befragte, der dem Leben zu antworten – das Leben zu verantworten hat.
Viktor Frankl

Die Bedeutung von Schlüsselkompetenzen steht außer Frage. Ein Blick in die Stellenanzeigen zeigt, wie wichtig diese Arbeitgebern sind: *Nicht Fachidioten, sondern Persönlichkeiten* werden gesucht! Schulen und Hochschulen fühlen sich zunehmend verantwortlich, diese mit zu vermitteln. In die Lehrpläne gehört demnach nicht nur Fachwissen. Mindestens ebenso wichtig sind allgemeine Fähigkeiten, um mit den verschiedenen Herausforderungen des Alltags, der Arbeit und des Lebens zurechtzukommen.

Was sind Kompetenzen?

Das Verb *competere* bedeutet „zusammentreffen; zutreffen, entsprechen; zukommen". Das Adjektiv *competens* findet sich schon im 18. Jahrhundert und bedeutet in der Juristensprache „zuständig, maßgebend, befugt" (Duden 2014).

Der Begriff *Kompetenz* beinhaltet drei Dimensionen:
- Wissen,
- Fertigkeiten, Können,
- Einstellungen, Haltungen.

Demnach sind diese Dimensionen grundsätzlich Bestandteil aller Kompetenzformen sowohl fachlicher als auch fachübergreifender Art. Dabei wird die Bedeutung von *Haltungen* häufig unterschätzt. Diese bestimmen unser „Ver-Halten", und zwar oftmals unbewusst. Damit unterscheiden sie sich von den anderen Dimensionen, die uns eher bewusst sind.

Was sind Schlüsselkompetenzen?

Viele Erfordernisse des Lebens, die künftig auf uns zukommen, sind heute noch unbekannt. Lehrende können sie vielleicht ahnen, jedoch nicht wirklich kennen. Schlüsselkompetenzen sind als Meta-Kompetenzen *zukunftsoffen* und können auf neue Situationen vorbereiten.

Schlüsselkompetenzen umfassen die Bereitschaft und Fähigkeit, selbstorganisiert (neuen) Aufgaben, Situationen, Herausforderungen zu begegnen, angemessene Handlungsoptionen zu entwickeln und diese erfolgreich umzusetzen (Heyse & Schircks 2012: 20).

Wie lassen sich diese einordnen?

Schlüsselkompetenzen werden in allen Fachdisziplinen gebraucht und sind daher fach*übergreifend*. In welche Kategorien lassen sich diese einordnen? Zur Übersicht dient eine von der Autorin entwickelte grafische Darstellung: Ein Schlüsselbund mit fünf Schlüsseln, die jeweils bestimmte Räume erschließen (s. „Bild 1.1", s. a. Brunner 2016).

1. *Personenbezogene*, personale Kompetenz:
meine Stärken und Schwächen kennen, Selbstreflexion als innenorientierte Fähigkeit, über mich selbst nachzudenken; Wertebewusstsein, Achtsamkeit gegenüber mir selbst, Sensibilität, Zuverlässigkeit, Dankbarkeit, Gesundheitsbewusstsein ...

2. *Soziale* Kompetenz:
Kommunikation, Fragen, Zuhören, Sprachkenntnisse, Verständnis, Einfühlungsvermögen, Empathie, Achtsamkeit gegenüber anderen, Wertschätzung, anderen danken ...

3. *Methodische* Kompetenz:
präsentieren, moderieren, Feedback geben und annehmen ...

4. *Aktionale* Kompetenz:
Initiative, Tatkraft, Durchhaltevermögen; Strategien entwickeln, Ziele verfolgen ...

Diese tradierte Einteilung wird von der Autorin um eine fünfte Kategorie ergänzt:

5. *Reflexive* Kompetenz:
außenorientierte Fähigkeit, Strukturen, Prozesse und Ergebnisse zu analysieren; mit Abstand und aus der Distanz – „von oben" – reflektieren; systemorientiert denken, ökologisches Bewusstsein ...

Wird Letztere vernachlässigt, besteht die Gefahr, in einen *blinden Aktionismus* zu verfallen.

Die fünf Schlüssel sind durch einen Schlüsselring miteinander verbunden. In dessen Zentrum stehen die drei Dimensionen, die eine Kompetenz grundsätzlich kennzeichnen.

Bild 1.1 Ein Schlüsselbund mit fünf Schlüsseln, die bestimmte Räume erschließen.

Der vorliegende Band zielt hauptsächlich auf die *methodische* Kompetenz: Welche Fragen gibt es, wann lassen sie sich einsetzen und wie wirken sie sich aus? Gleichzeitig zielt er auf die *soziale* Kompetenz: Fragen werden meist an andere gerichtet.

Vergleicht man den Dialog mit einer Waage, kann man symmetrische und asymmetrische Balancen beobachten. Treffen sich zwei Freunde auf der Straße, werden sie eher auf gleicher Augenhöhe sprechen. Dann ist auch das Frage-Antwort-Spiel ausgewogen und symmetrisch verteilt. Anders ist es bei einem journalistischen Interview, einer Bewerbung oder einem therapeutischen Gespräch. Dort übernimmt der Fragende eine führende Rolle, der Befragte gibt meist die Antworten. Es entsteht also eine gewisse Asymmetrie. Die hier beschriebenen

Situationen stammen überwiegend aus einem solch professionellen Kontext. Mögliche Fallstricke, die hier beleuchtet werden, können in einer privaten Situation mit einer guten Portion „Humor" leichter entschärft werden. Wobei Humor immer auflockert und entspannt, auch im Beruf.

2 Fragen und Zuhören

Das Leben ist eine unbeantwortete Frage, aber wir wollen hoffen,
dass es eine anständige und wichtige Frage ist.
Tennessee Williams

„So *kam es, dass Momo sehr viel Besuch hatte. Man sah fast*
immer jemand bei ihr sitzen, der angelegentlich mit ihr redete.
Und wer sie brauchte und nicht kommen konnte, schickte nach
ihr, um sie zu holen. Und wer noch nicht gemerkt hatte, dass er
sie brauchte, zu dem sagten die andern: ‚Geh doch zu Momo!'

Dieser Satz wurde nach und nach zu einer feststehenden
Redensart bei den Leuten der näheren Umgebung. So, wie man
sagt: ‚Alles Gute!' oder ‚Gesegnete Mahlzeit!' oder ‚Weiß der liebe
Himmel!', genauso sagte man also bei allen möglichen Gelegen-
heiten: ‚Geh doch zu Momo!'

Aber warum? ...

Was die kleine Momo konnte wie kein anderer, das war: Zu-
hören. Das ist doch nichts Besonderes, wird nun vielleicht man-
cher Leser sagen, zuhören kann doch jeder.

Aber das ist ein Irrtum. Wirklich zuhören können nur ganz
wenige Menschen. Und so, wie Momo sich auf Zuhören verstand,
war es ganz und gar einmalig.

Momo konnte so zuhören, dass dummen Leuten plötzlich sehr
gescheite Gedanken kamen. Nicht etwa, weil sie etwas sagte oder
fragte, was den anderen solche Gedanken brachte, nein, sie saß
nur da und hörte einfach zu, mit aller Aufmerksamkeit und aller
Anteilnahme. Dabei schaute sie den anderen mit ihren großen,
dunklen Augen an, und der Betreffende fühlte, wie in ihm auf
einmal Gedanken auftauchten, von denen er nie geahnt hatte,
dass sie in ihm steckten.

Sie konnte so zuhören, dass ratlose und unentschlossene Leute auf einmal genau wussten, was sie wollten. Oder dass Schüchterne sich plötzlich frei und mutig fühlten. Oder dass Unglückliche und Bedrückte zuversichtlich und froh wurden. Und wenn jemand meinte, sein Leben sei ganz verfehlt und bedeutungslos und er selbst nur irgendeiner unter Millionen, einer, auf den es überhaupt nicht ankommt und der eben schnell ersetzt werden kann wie ein kaputter Topf – und er ging hin und erzählte alles das der kleinen Momo, dann wurde ihm, noch während er redete, auf geheimnisvolle Weise klar, dass er sich gründlich irrte, dass es ihn, genau so, wie er war, unter allen Menschen nur ein einziges Mal gab und dass er deshalb auf seine besondere Weise für die Welt wichtig war.

So konnte Momo zuhören!"

Michael Ende (1973)

Achten Sie einmal auf ein typisches Gespräch zwischen zwei Menschen: Wie oft redet jeder bloß von sich selbst? Wie oft wird dem anderen wirklich zugehört? Und wie häufig wird mit echtem Interesse nachgefragt? Zuhören ist eine hohe Kunst (Bay 2014). Ihr Kennzeichen ist Empathie, die Fähigkeit, sich in den anderen hineinzuversetzen und – wörtlich – mitzuleiden (Nichols 2002: 20). Zuhören setzt Zeit, Ruhe und Konzentration voraus. Auch eine gewisse Grundhaltung: Feingefühl und ein *„geneigtes Ohr"* (Torralba 2007: 33). Der Beichtvater, den Hermann Hesse beschreibt, ist ein Meister des Zuhörens: *„Indem er zuhörte und verstand, schien er Mitschuld auf sich zu nehmen, schien tragen zu helfen. Indem er schwieg, schien er das Gehörte versenkt und der Vergangenheit übergeben zu haben"* (Hesse 2001: 452). Medizinische Studien konnten die Heilkraft des Zuhörens nachweisen (Lautrette et al. 2007, Lilly & Daly 2007).

Auch Fragen können eine heilsame Wirkung haben. Im psychotherapeutischen Kontext spricht man daher von der „Magie des Fragens" (Grochowiak & Heiligtag 2011: 1).

Das Wort „Fragen" hat eine indogermanische Wurzel ("per(e)k"), die *„herumwühlen, aufreißen"* bedeutet. Sprachlich verwandt sind auch die Worte *„Furche"*, *„fordern"* und *„forschen"* (Duden 2014: 308).

„Wer fragt, der führt" – das ist ein geflügeltes Wort. Doch wo lernt man, Fragen bewusst und achtsam einzusetzen? Und nicht für Macht und Manipulation zu missbrauchen? In der Schule wird ja eher gelernt, richtige Antworten zu geben, statt kluge Fragen zu stellen (Berger 2014: 16). Und das, obwohl kleine Kinder wahre Fragekünstler sind: Als Vierjährige stellen sie im Schnitt über 300 Fragen pro Tag (ebd.: 14). Große Denker und Erfinder haben sich diese Fähigkeit bis ins hohe Alter bewahrt. Albert Einstein ist ein schönes Beispiel dafür (Brunner 2008).

Es gibt verschiedene Arten, zu fragen. Man kann dabei viele Fehler machen. Zu den schlimmsten Fehlern gehört es, wenn sich jemand ausgefragt fühlt. Das *Ausfragen* ist tatsächlich ein Machtinstrument. Es baut Gitterstäbe auf und macht den Befragten unfrei, er fühlt sich wie ein Vogel im Käfig. Auf diese Weise wird die Chance des Fragens vertan, ja missbraucht. Es ist die Schattenseite, die *„Obszönität"* des Fragens (Bodenheimer 2011).

Auf der anderen Seite gibt es die *einfühlsame Frage*, die sich in den anderen hineindenkt und Anteil nimmt. Diese Form des Fragens spielt eine zentrale Rolle in der Psychotherapie, in der Lehre, in einem gut geführten Interview, im Gespräch mit dem Mitarbeiter, Nachbarn oder Partner. Diese Fragen halten das Gespräch in Gang – der Fragende nimmt die Rolle des Zuhörers ein und versetzt sich in die Perspektive des Sprechers. Er bleibt in der Rolle des Zuhörers, statt immer wieder in die des Sprechers zu rutschen. Im glücklichen Fall hat der Fragende eine bestimmte Grundeinstellung: die des „Nicht-Wissens". Die „fragende Haltung" ist offen und interessiert. Sie unterstützt und begleitet den Sprecher in seinem Denken (Straß 2007: 34).

Im Idealfall entsteht so ein Gespräch, bei dem die Rollen wechseln. Martin Buber spricht dann von einem „echten Dialog", „wo jeder der Teilnehmer den oder die anderen in ihrem Dasein und Sosein wirklich meint und sich ihnen in der Intention zuwendet, daß lebendige Gegenseitigkeit sich zwischen ihm und ihnen stifte" (Buber 1997: 166).

Es gibt viele alltägliche Situationen, in denen gefragt wird: der Nachbar im Garten, ein Bekannter auf der Straße oder der Unbekannte im Zug.

Es gibt auch Berufe, in denen Fragen zum professionellen Handwerkszeug gehören: der Arzt bei der Anamnese, der Richter bei einem Verhör oder der Reporter beim Interview. Relevant sind Fragen auch in Zusammenhang mit Gruppen, z.B. Unterricht, Fortbildung, Vortrag oder Moderation.

In extremen Situationen muss auf professionelle Weise offensiv gefragt werden: z.B. ein Strafprozess, ein Unfallprotokoll oder eine mündliche Prüfung. Was in üblichen Gesprächen als ungünstig oder zu vermeiden gilt, kann in besonderen Fällen legitim und notwendig sein.

Dieser Pocket Power-Band stellt die verschiedenen Formen der Fragen vor, wobei die Auflistung nicht vollständig ist. Beschrieben werden auch Fragen, die man in üblichen Gesprächen eher vermeiden sollte.

Es werden Fragen vorgestellt, die sich in verschiedenen Situationen anwenden lassen: Um *Kreativität* zu fördern, *Meetings* zu leiten, *Teams* zu begleiten oder *Probleme* zu lösen. Ein weiterer Teil behandelt Fragen, die sich eignen, um eine *lernende Gruppe* zu motivieren.

Nicht zu vergessen sind Fragen, die sich an einen selbst richten. Hierzu gibt es eine Auswahl aus verschiedenen Quellen, darunter auch einige beliebte Fragebögen.

3 Fragen als Werkzeug

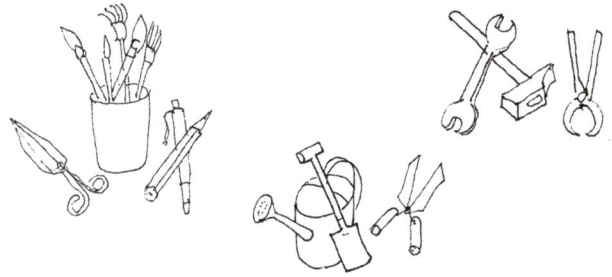

Hin und wieder ist es sinnvoll, ein Fragezeichen hinter Dinge zu setzen, die wir schon lange für selbstverständlich nehmen.
Bertrand Russell

Fragen sind wertvolle Werkzeuge für ein Gespräch. Es gibt verschiedene Fragetypen, so, wie es unterschiedliche Werkzeuge gibt. Je mehr Werkzeuge in Ihrem Werkzeugkasten liegen, desto besser können Sie damit arbeiten. Wer nur einen Hammer hat, dem scheint alles, was er sieht, ein Nagel zu sein und entsprechend wird er handeln: einfach „draufhauen". Für eine Schraube ist ein Hammer nicht sehr hilfreich. Für ein Blatt Papier auch nicht. Und erst recht nicht für den Obstgarten. Es lohnt sich also, seinen Werkzeugkasten mit verschiedenen Werkzeugen auszustatten: mit einem Schraubenzieher, einer Zange, einem Stift oder einer Schere. Draußen braucht es vielleicht eine Schaufel oder Gießkanne. Damit können Sie der Wirklichkeit besser gerecht werden, sich differenzierter verhalten und angemessener reagieren.

Es gibt viele verschiedene Fragearten, da kann man schnell den Überblick verlieren. Als Orientierungshilfe gibt es einige Grundformen, mit denen man Fragen charakterisieren kann.

3.1 Grundformen

WORUM GEHT ES?

Ein wichtiges Kriterium, um eine Frage einzuordnen, ist der Freiheitsgrad im Hinblick auf die Antwort. Wie sehr wird die Möglichkeit, zu antworten, offen gelassen oder eingeengt?

> Die Grundformen der Fragen unterscheiden sich im Hinblick auf zwei Dimensionen:
> - Freiheitsgrad des Antwortenden
> - Informationsgehalt der Antwort

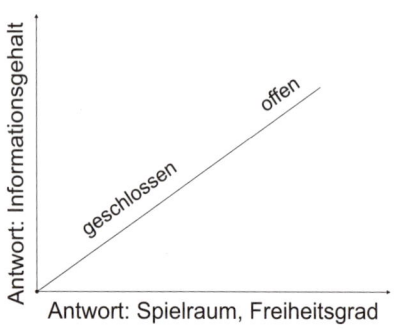

Bild 3.1 Fragen lassen sich bestimmten Kategorien zuordnen: Informationsgehalt der Antwort und Freiheitsgrad des Antwortenden.

Die Grenzen des Spektrums sind oft fließend, dennoch kann man grundsätzlich zwei „Grenzsteine" am äußeren Ende aufstellen. Dort sind folgende Fragetypen positioniert:

- offene Frage
- geschlossene Frage.

Diese Grundformen schauen wir uns etwas genauer an.

Offene Frage

WAS BRINGT ES?

Diese Fragen lassen dem Befragten einen großen Spielraum für die Antwort. Der Befragte kann mehr oder weniger weit ausholen und umfassend antworten (Blickhan 2007: 45 f., Prior 2013: 49 f.).

Offene Fragen sind in der Regel daran zu erkennen, dass das Fragewort mit einem W beginnt: wer, wie, wo, was, wann, weshalb, warum, wozu. Diese werden daher auch „W-Fragen" genannt (Zielke 1985: 23 ff.).

Nicht jede Frage, die mit einem W beginnt, ist zwangsläufig eine offene Frage.

- Wären Sie so nett ...?
- Würdest du bitte ...?
- Wirst du ...?
- Wollen Sie nicht ...?

Vorteile

Die offene Frage eignet sich zur „Eröffnung" einer Gesprächseinheit. Sie ist wie eine einladende Geste: Der Gesprächspartner wird ermutigt, sich auf die Frage einzulassen und sich als Person zu öffnen. Er kann sich offen äußern, seinen Gedanken freien Lauf lassen. Die Antworten sind nicht vorgegeben, auf diese Weise kann ein Dialog in Gang kommen. Mit einer offenen Frage können Sie einen Eindruck von einer Person erhalten, sich ein Bild von einer Situation machen oder ein Problem abklären. Sie können die Sichtweise, Meinungen und Perspektiven Ihres Gegenübers erfahren. Oberflächliche Floskeln und Platituden werden eher vermieden, stattdessen wird eine inhaltliche Vertiefung gefördert. Sie erfahren Details, Hintergründe und Informationen, die Ihnen möglicherweise vorher unbekannt waren und für das Gespräch wichtig sind. Nicht zu vergessen: Sie vermitteln Ihrem Gesprächspartner den Eindruck, dass Sie ihn wertschätzen und gleichberechtigt behandeln.

Offene Fragen

- „Wie war der Workshop?"
- „Wann werden Sie Ihre Präsentation halten?"
- „Wozu soll das Projekt dienen?"

Nachteile

Auch offene Fragen haben ihre Tücken. Gesprächspartner sind mehr oder weniger redselig. Offene Fragen sind ein Angebot – Angebote können angenommen oder auch abgelehnt werden; dies liegt im Ermessen des Gesprächspartners.

1. Auch eine offene Frage kann „einsilbig" beantwortet werden

Wird eine offene Frage einsilbig beantwortet, kann es sein, dass der Gesprächspartner den angebotenen Freiraum nicht annimmt. Das kann verschiedene Gründe haben. Entweder er will nicht oder er kann nicht anders. Sie können dies akzeptieren oder Sie starten einen erneuten Versuch.

„Einsilbige" Antworten auf offene Fragen

- „Wie hat Ihnen die Präsentation gefallen?"
- „Gut."
- „Wie war dein Urlaub?"
- „Schön."
- „Wie geht es Ihnen?"
- „Prima."

Mehr Informationen durch Nachhaken

- „Was hat Ihnen besonders gefallen?"
- „Welcher Teil war für Sie besonders interessant?"
- „Wo warst du im Urlaub?"
- „Was hat dich gerade dorthin geführt?"

2. Vorsicht mit dem Fragewort „warum"

Alle offenen Fragen haben ihre Tücken, wenn sie die persönliche Schutzzone überschreiten:

- „Wann stehen Sie morgens auf?"
- „Was essen Sie mittags"?

Von einem Arzt werden diese Fragen geradezu erwartet, nicht aber vom Nachbarn.

Besonders heimtückisch ist das Fragewort „warum". Es klingt leicht nach Kontrolle oder einem Verhör. Als wäre man auf der Anklagebank und ein heimlicher Richter schreibt mit.

„Warum sind Sie gestern so spät gekommen?"
„Warum sind Sie nicht früher fertig geworden?"
„Warum haben Sie das so und nicht anders gemacht?"

Wer so befragt wird, fühlt sich schnell ausgefragt, unter Druck und beginnt, sich zu verteidigen. *„Ich habe keinen Parkplatz gefunden ..."*, *„Ich wurde ständig unterbrochen . . ."*, *„Ich hatte so viel im Kopf . . ."* Meist ist das Gespräch danach abrupt beendet, oder es eskaliert zu einem Streit.

Unproblematisch ist dieses Fragewort, wenn es um sachliche und neutrale Informationen geht. Dies betrifft z.B. Themen aus Naturwissenschaft und Technik: naturwissenschaftliche Gesetze, Formeln oder objektive Fakten. Kinder fragen oft nach dem Warum – und können Erwachsene schnell an ihre Wissensgrenzen führen.

Unproblematische Warum-Fragen

„Warum dauert die Reise mit dem Auto länger als mit dem Zug?"
„Warum dreht sich der Mond um die Erde?"
„Warum dehnt sich das Weltall aus?"

3. Viele Menschen scheuen offene Fragen

Als Fragender geben Sie die Fäden mehr oder weniger aus der Hand. Dies kann den Eindruck von Inkompetenz oder Hilflosigkeit erwecken. Der Befragte kommt möglicherweise auf den Geschmack und beginnt, zu erzählen. Das nimmt Zeit in Anspruch. Vielleicht verläuft er sich dabei in Details und vergisst den roten Faden. Möglicherweise verlieren Sie dabei mehr Kontrolle als erwartet, das „Gegenüber" nimmt die Zügel in die Hand. Im Extremfall nimmt das Gespräch einen völlig anderen, ungeplanten Verlauf.

- Stellen Sie bewusst offene Fragen.
- Vielleicht wird das Gespräch einen ungeplanten Verlauf nehmen. Möglicherweise waren Sie vorher auf dem Holzweg: Ihre Informationen oder Hypothesen waren unzureichend.
- Lassen Sie Ihrem Gegenüber mehr Raum und Zeit. Sie arbeiten damit an der Wertschätzung und an der Beziehung.

Geschlossene Fragen

WAS BRINGT ES?

Geschlossene Fragen lassen nur kurze, einsilbige Antworten zu: „Ja" oder „Nein". Dem Befragten bleibt die Wahl zwischen einer Zustimmung oder einer Verneinung.

- „Hat es sich gelohnt, zum Vortrag zu gehen?"
- „Kommst du morgen zur Sitzung?"
- „Warst du schon in der Kantine?"

Eine weitere Spielart ist die Umwandlung eines Aussagesatzes in einen Fragesatz. Dafür wandert das Verb an den Anfang des Satzes; am Ende steht nicht ein Punkt, sondern ein Fragezeichen.

- Aussagesatz: „Es ist schon zehn Uhr."
- Fragesatz: „Ist es schon zehn Uhr?"

Vorteile

In manchen Situationen ist es sinnvoll, eine geschlossene Frage zu stellen. Sie können auf diese Weise eine Situation einkreisen, ein Problem fokussieren oder eine Information auf den Punkt bringen (siehe Fragetrichter, „Abschnitt 3.2"). Sie erhalten kurze, prägnante Antworten und helfen, ein Problem zu analysieren und eine Entscheidung vorzubereiten. Von dort können Sie weitergehen und nach weiteren Einzelheiten fragen. Diese Frageform gilt daher als besonders effektiv. Der Fragende hat die Fäden in der Hand, er kommt schnell zu dem Ziel, das er sich gesetzt hat. In bestimmten professionellen Situationen werden sie routinemäßig eingesetzt, um schnell, präzise und standardisierte Informationen einzuholen.

- Arzt (bei der körperlichen Untersuchung): „Haben Sie hier Schmerzen?" Patient: „Ja."
- „Seit wann haben Sie die Schmerzen?" „Seit einer Woche."
- „Sind sie morgens schlimmer als abends?" „Ja, morgens sind sie schlimmer."

Nachteile

Dieser Fragetyp gibt dem Befragten wenig Spielraum. Der Befragte fühlt sich schnell ausgefragt. Als Fragender müssen Sie ständig aktiv bleiben, um das Gespräch in Gang zu halten. Dabei erhalten Sie wenig neue Informationen oder erhellende Hintergründe. Sie kommen vielleicht schneller an das Ziel, doch es ist ein Ziel, das Sie sich als Fragender gesetzt haben. Vielleicht sind Sie damit ja „auf dem Holzweg"! Mit der geschlossenen Frage versucht man oft, eigene Annahmen, Vermutungen, Hypothesen zu bestätigen. Doch Vorsicht:

Vielleicht stimmen die Annahmen ja gar nicht! Vielleicht hat man ein bestimmtes Vorurteil und kann sich davon nicht lösen. Vielleicht nimmt man sich nicht die Zeit, das Problem von einer anderen Perspektive aus zu betrachten. Man ist „blind" bzw. „taub" für neue Aspekte.

> • Führungskraft: „Sie waren gestern bei der Sitzung?"
>   Mitarbeiterin: „Ja, ich . . ."
> • „Und, wurde der Antrag beschlossen?"
>   „Ja, er ..."
> • „Dann schicken Sie mir bitte die Kopie des Protokolls zu."

Auf diese Weise entgehen Ihnen wichtige Informationen: Vielleicht war die Sitzung kontrovers, der Antrag wurde lebhaft diskutiert, wesentliche Punkte wurden revidiert, die Abstimmung ist äußerst knapp ausgefallen etc.

Viele Führungskräfte benutzen überwiegend geschlossene Fragen. Sie vermitteln damit den Eindruck,

- als hätten sie alles im Griff,
- als wüssten sie bereits genau Bescheid und alles besser,
- als wäre das Thema zu unwichtig, um sich Zeit zunehmen,
- als wäre das Gespräch zu unbedeutend, um die andere Meinung zu hören,
- als hätten sie in Wirklichkeit kein Interesse für ihre Mitarbeiter als Person.

So entsteht leicht ein negativer Kreislauf: Der Mitarbeiter glaubt immer weniger an seine eigenen Kompetenzen und überlässt die Probleme immer mehr dem „Chef". Dieser fühlt sich umgekehrt immer mehr für alles allein verantwortlich und von seinen Mitarbeitern im Stich gelassen. Natürlich können Sie dafür gute Gründe haben: Sie sind sich ganz sicher, Sie haben keine Zweifel. Doch die Gefahr ist groß,

„betriebsblind" zu werden oder einem Vorurteil aufzusitzen. In dem Fall landet man leicht in einer Sackgasse.

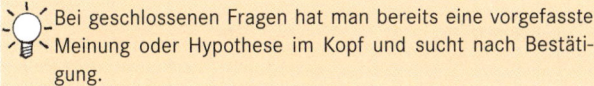 Bei geschlossenen Fragen hat man bereits eine vorgefasste Meinung oder Hypothese im Kopf und sucht nach Bestätigung.

Eine verfeinerte Einteilung unterscheidet noch zwei weitere Fragetypen: die öffnende und die schließende Frage.

Öffnende Frage

WAS BRINGT ES?

Die öffnende Frage lässt etwas weniger Spielraum als die offene Frage, indem sie bereits eine Richtung vorgibt.

- „Was hat Ihnen an dem Vortrag besonders gefallen?"
- „Was wissen Sie bereits über das Thema?"
- „Worauf will dieser Artikel aufmerksam machen?"

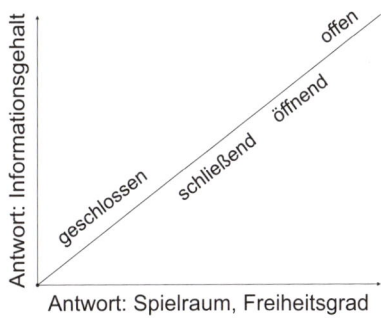

Bild 3.2 Fragen lassen sich nach Art der Fragestellung unterscheiden

Schließende Frage

WAS BRINGT ES?

Die schließende Frage lässt etwas mehr Spielraum als die geschlossene Frage, indem sie über die Entscheidung zwischen „Ja" oder „Nein" hinausgeht.

- „Wie sehr hat es sich gelohnt, zum Vortrag zu gehen?"
- „Wann haben Sie den Brief eingeworfen?"
- „Wie zufrieden sind Sie mit der Lieferung?"

In der Literatur wird der Begriff „offene" zum Teil mit dem Begriff „ganz öffnende" ersetzt. Entsprechend „geschlossene" mit „ganz schließende". Dies soll verdeutlichen, dass das Kontinuum fließend und nicht statisch ist. (Patrzek 2013: 102)

Wandeln Sie folgende geschlossene Fragen in eine offene Frage um:

1. Bist du gestern Abend zu Hause geblieben?

Offene Frage: ....

2. Brauchen Sie einen Beamer?

Offene Frage:...

3. Kommen Sie morgen Mittag in die Sitzung?

Offene Frage: ....

4. Sind Sie damit einverstanden?

Offene Frage: ....

5. Haben Sie noch Fragen?

Offene Frage: ....

Mögliche Lösungen:

1. Was hast du gestern Abend gemacht?
2. Welche Medien benötigen Sie für Ihre Präsentation?
3. Was haben Sie morgen Mittag vor?
4. Was halten Sie davon?
5. Welche Fragen haben Sie dazu?

3.2 Der Fragetrichter

Screening und Focussing

WORUM GEHT ES?

Verfolgen Sie mit einem Gespräch ein bestimmtes Ziel, emp-fiehlt sich ein Vorgehen nach dem Modell des Fragetrichters (Blickhan 2007: 48 f., Patrzek 2013: 104). Zu Beginn wird das Gespräch offen gehalten, viele Punkte werden angesprochen, der Trichter ist weit. Im Verlauf des Gesprächs erfolgt eine Konzentration auf das Wesentliche, der Trichter wird enger. Somit unterteilt dieses Modell ein Gespräch in zwei große Kategorien.

In der Phase „*Screening*" ist das Gespräch weit und offen. In dem oberen Teil des Trichters haben viele Informationen Platz, grundsätzlich ist alles von Interesse. Der Befragte kann weit ausholen und frei erzählen. Der Fragende verschafft sich einen Überblick.

In der Phase „*Focussing*" werden die Informationen gefiltert. Der Fragende greift spezielle Informationseinheiten heraus, um ihre Bedeutung zu prüfen. Das Sondieren und Sortieren hilft, Schwerpunkte zu setzen und einen Fokus zu bilden.

WAS BRINGT ES?

Ein strukturiertes, erstes Gespräch beginnt meist mit dem Sammeln („Screening") und schließt mit dem Fokussieren ab. Zu Beginn ist es ratsam, öffnende bzw. offene Fragen zu stellen. Sie geben Ihrem Gesprächspartner Raum, sondieren erst einmal das Feld, verschaffen sich einen Überblick.

Gegen Ende ist es hilfreich, mit schließenden bzw. geschlossenen Fragen abzurunden.

Vorteile

Der Trichter ist ein hilfreiches Modell, um ein Gespräch zu strukturieren. Beobachten Sie einmal, wie die „Profis" vorgehen: der Fernsehkommissar beim Verhör oder der Arzt bei der Anamnese.

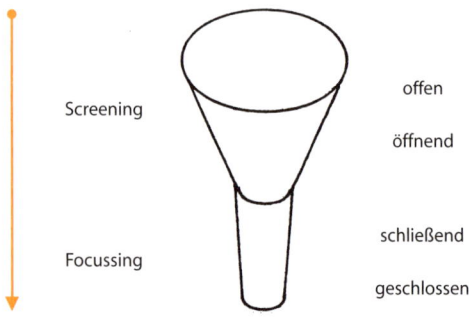

Bild 3.3 Von offenen zu schließenden Fragen

Systematisches Fragen

- Phase I: sammeln
  „Was alles?"
  „Was noch?"
- Phase II: ordnen, präzisieren, filtern
  „Wie genau? Wer, wo, wie, was?"
- Phase III: zusammenfassen
  „Habe ich es richtig verstanden?"
  „Sie meinen also . . . ?"
  „Stimmt es so?"

Die Fragereihe ist prinzipiell erst dann beendet, wenn der Befragte die Zusammenfassung bestätigt und zustimmt: *„Ja, so habe ich es gemeint."* Dabei ist es der Fragende, der diese formulieren sollte: *„Habe ich es so richtig verstanden?"* Wenn dies nicht der Fall ist, geht es zurück nach oben: *„Wie ist es dann richtig?"*

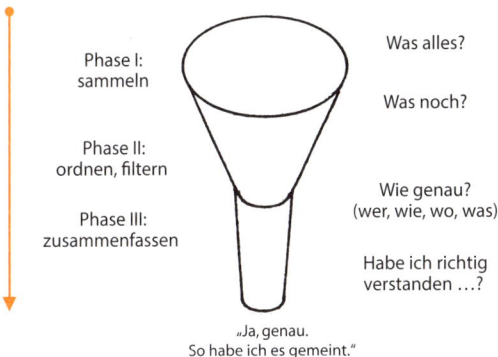

Bild 3.4 Zu jeder Phase des Fragetrichters gehören typische Fragen bzw. Statements

Nachteile

Wenn sich die Reihenfolge der Phasen ändert oder die Phasen nicht beachtet werden, hat dies Auswirkungen. Wer schon am Anfang (Phase I) geschlossene Fragen stellt, riskiert einen unglücklichen Gesprächsverlauf:

- Es erweckt den Eindruck, alles selber im Griff zu haben.
- Der Gesprächspartner fühlt sich eingeengt.
- Es kann auf den Gesprächspartner dominant wirken.
- Der Gesprächspartner wird eingeschüchtert.
- Neue, kreative Ideen und Lösungen können sich nicht entfalten.

Auf der anderen Seite kann man es versäumen, gegen Ende die Fragen einzugrenzen und zusammenzufassen (Phase II und III). Wer damit zu spät beginnt, verpasst möglicherweise wertvolle Chancen:

- Es bleibt unklar, um welches Thema es geht.
- Man verliert sich im Detail.
- Es gibt keine klärende Zusammenfassung.
- Es gibt keine Entscheidung oder kein Ergebnis.
- Das Gespräch kann endlos weitergehen.

- Nehmen Sie sich Zeit für Phase I, das Sammeln. Ein häufiger Fehler ist es, nur ein bis zwei Antworten abzuwarten und dann aufzuhören.
- Eine wichtige Frage in Phase I: *„Was gibt es sonst noch?"* *„Was gehört sonst noch dazu?"* Damit vermeiden Sie, diese Phase vorzeitig zu beenden.
- Denken Sie an Phase III: die Zusammenfassung. Sie soll vom Fragesteller (Zuhörer) formuliert werden. Wird sie vergessen, können viele Missverständnisse entstehen.
- Erst wenn der Befragte (Sprecher) die Zusammenfassung bestätigt, ist die Gesprächseinheit beendet.

4 Frageprinzipien

Wissen Sie Fragen zu meinen Antworten?
Henry Kissinger

Welche andere Möglichkeit gibt es, Fragen einzuteilen? Hierbei ist es hilfreich, sich an Prinzipien zu orientieren. Prinzipien sind wie Gefäße, deren Inhalte austauschbar sind.

Die folgenden Frageprinzipien stammen aus der systemischen Paar- und Familientherapie (Simon 2015: 270 ff.). Im Mittelpunkt steht dort meist eine Störung (Symptom, Erkrankung), ein Problem, ein Konflikt oder eine Krise. Diese Prinzipien sind jedoch auch auf andere Systeme übertragbar, z.B. Interview oder beruflicher Kontext.

4.1 Allgemeine Prinzipien

Unterschiede erfragen

Ein Problem wird deutlich, wenn man es mit dem Idealzustand vergleicht:

- Woran ist der beschriebene Zustand zu erkennen, an welchem Merkmal?
- Welches Merkmal fehlt im Vergleich zum Idealzustand?
- Welches Merkmal macht den Idealzustand aus?
- Worin besteht der Unterschied?

Beschreiben statt Bewerten

Sinnvoll ist es, Verhalten und Phänomene möglichst neutral zu beschreiben. Erklärungen, Deutungen und Interpretationen sind zunächst zu vermeiden:

- Können Sie beschreiben, wie sich die Person X verhalten hat?
- Was haben Sie gesehen oder gehört?

Eigenschaften „verflüssigen"

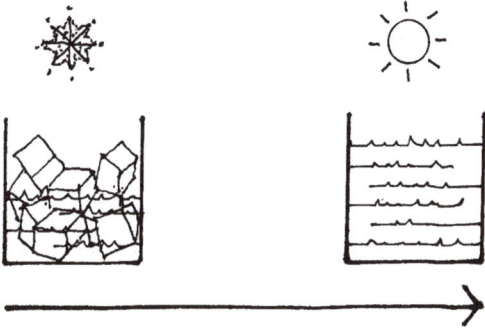

Eine große Gefahr besteht darin, Personen auf *„Charaktereigenschaften"* festzunageln. Sinnvoller ist es, Verhaltensmuster zu beschreiben, die in der Regel auch veränderbar sind.

- X: „Du bist ein ‚Softie'!"
  Zu X: „Welches Verhalten führt dazu, dass Sie X ‚Softie' nennen?"
- Y: „Du bist launisch!"
  Zu Y: „Wie verhält sich Y, wenn Sie ihn als ‚launisch' beschreiben?"

Sinnvoll ist es auch, den Kontext zu beleuchten, in dem das Verhalten vorkommt:

- In welcher Situation kommt es vor?
- Wer ist dabei? Wer reagiert wie?
- Was geschieht davor? Was danach?
- Wie ist die zeitliche Abfolge?

Opfer- und Täter-Rolle

Aus systemischer Sicht bedingen sich Verhaltensweisen gegenseitig. Das eigene Handeln beeinflusst das der Anderen, und umgekehrt. Starre Rollenzuschreibungen – wie Täter und Opfer – werden dadurch hinterfragt:

- Frage an A: Wie könnten Sie erreichen, dass B genau das tut, worüber Sie sich jetzt beklagen? Antwort von A: Ich müsste folgendes tun: ...
- Frage an B: Wenn Sie wollten, dass A genau das tut, worüber Sie sich jetzt beschweren, wie könnten Sie das erreichen?
  Antwort von B: Ich müsste mich so verhalten: ...

Eine zeitliche Dimension einführen

Der systemische Ansatz zielt darauf, Verhalten zu verändern. Starre Zuschreibungen („Das ist halt so") werden gelockert, indem man eine zeitliche Perspektive einführt.

- Wann hat die Situation X begonnen?
- Wann wird es schlimmer, wann wird es besser?
- Wie lange wird es nach Ihrer Einschätzung noch dauern?

Werte klären

Werte sind die Basis eines Teams und das Fundament einer Organisation. Fragen, die Grundsätze und Werte betreffen, sind daher hilfreich für das Klima in Teams und Organisationen (Hemel 2007: 57). Mögliche Werte sind die Autonomie des Individuums, das Wohl der anderen und die Unternehmensethik.

- Welcher Wert ist Ihnen am wichtigsten?
- Wenn es Konflikte zwischen den Werten gäbe, wer würde sich für was entscheiden?
- Welcher Wert ist es, der das Team X am meisten von Team Y unterscheidet?

Mythen, Geschichten und Theorien entdecken

Seit Urzeiten erzählen sich Menschen Mythen und Geschichten. Auf diese Weise erhalten sich Erfahrungen und Erinnerungen. Und sie ermöglichen Einblick in die Biographie einer Person, in den Werdegang eines Teams oder einer Organisation.

- Welche Geschichten werden im Team erzählt?
- Welche Geschichten gibt es über die Vergangenheit und Gegenwart? Welche Perspektiven zur Zukunft?
- Wie sind aktuelle Rituale zu erklären, wenn man sie im Licht der Firmengeschichte betrachtet?

4.2 Spezielle Frageprinzipien

Subsysteme und Koalitionen analysieren

Prinzipien, die Beziehungen in Gruppen erzeugen, werden durchleuchtet:

- Welche Allianzen gibt es derzeit? Wer macht was mit wem, wie und wann?
- Welche Spielregeln gelten in den einzelnen Bündnissen und Allianzen?
- Wie durchlässig sind deren Grenzen?
- Wie beständig sind die Koalitionen?
- Welche Anzeichen gibt es für einen Wechsel?

Rangfolgen bilden

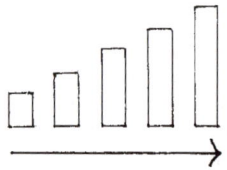

Das Verhalten der Anderen wird in eine Skala eingeordnet:

- Wer würde als Erster ..., wer als Letzter ...?
- Wer käme an erster, zweiter, ... hinterster Stelle?

Differenzieren

Fragen nach Unterschieden, die sowohl qualitativ als auch quantitativ sein können:

- Ist es eher so – oder eher so?
- Mehr oder weniger; häufiger oder seltener; besser oder schlechter?

Die Frage nach einer Skala gibt ein differenzierteres Bild (s. a. Kapitel 5, Skalierende Fragen):

- Wie zufrieden sind Sie mit dem Arbeitsplatz – von 0 (minimal) bis 10 (maximal)? Welche Ziffer würden Sie wählen?
- Wie ist das momentane Klima im Team (Schulnoten von 1 bis 6), welche Note würden Sie jetzt geben? Welche hätten Sie zu Beginn des Projekts gegeben? Welche Note würden Sie sich wünschen/ sollte erreicht werden?

Übereinstimmungen – Differenzen klären

Wo gibt es Übereinstimmungen und wo Differenzen:

- Wer teilt diese Sichtweise, wer stimmt mit wem überein?
- Wer sieht es genau umgekehrt?
- Wer steht dazwischen, wer ist unentschieden?

Status quo und seine Vorteile

Aus systemischer Sicht hat der Status quo eine bestimmte, sinnvolle Funktion, auch wenn er bemängelt und kritisiert wird:

- Was ist an der jetzigen Situation gut, so, wie sie ist?
- Was sollte sich auf keinen Fall ändern?

Veränderungen anpeilen

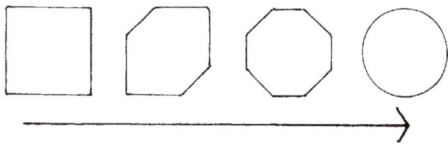

Veränderungen wirken sich auf die Situation aus:

- Welche äußeren, objektiven Veränderungen (z.B. wirtschaftlich/technisch) lassen sich mit inneren, subjektiven Veränderungen (z.B. Kommunikation) innerhalb des Teams verbinden?

- Welche internen Veränderungen wirken sich nach außen aus? Und wie?

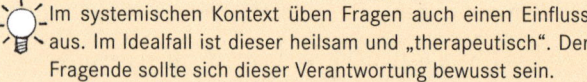
Im systemischen Kontext üben Fragen auch einen Einfluss aus. Im Idealfall ist dieser heilsam und „therapeutisch". Der Fragende sollte sich dieser Verantwortung bewusst sein.

5 Wie Sie sonst noch fragen können – Ein Fragenlexikon von A bis Z

Manchmal ist die Frage wichtiger als die Antwort.

Plato

Bisher haben wir Grundformen und Prinzipien aus der Vogelperspektive beschrieben. Nun landen wir im Alltag und gehen ins Detail.

Im Folgenden sind einige Fragetypen ausgewählt. Diese sind alphabetisch geordnet. Das Spektrum reicht von A (Alternativfrage) bis Z (Zirkuläre Frage) (Hahn & Stickel 2000: 84 ff., Patrzek 2013: 51 ff., Stoffel 1999: 46 ff.).

Alternativfrage

WORUM GEHT ES?

Diese Frage ermöglicht, zwischen Alternativen zu wählen. Die Alternativfrage steht damit zwischen offener und geschlossener Frage.

- „War der Vortrag langweilig oder spannend?"
- „Möchten Sie eine Pause lieber jetzt oder später?"
- „Wann passt es Ihnen besser: am Donnerstag oder am Freitag?"

WAS BRINGT ES?

Vorteile

Die Alternativen helfen dem Befragten, die Optionen abzuwägen und sich zu entscheiden. Andererseits geben sie dem Fragenden eine gewisse Kontrolle, da dieser Wahlmöglichkeiten aussucht und anbietet.

Nachteile

Die Alternativen engen die Wahlmöglichkeiten des Befragten ein. Als Fragender signalisieren Sie in dem Moment: Diese Angebote sind möglich. Je nach Kontext wecken Sie damit Erwartungen und Hoffnungen und riskieren Enttäuschungen, wenn ein Angebot nicht realisierbar ist.

- Bieten Sie nicht mehr als drei Alternativen an.
- Die zuletzt genannte Alternative bleibt erfahrungsgemäß eher im Gedächtnis. Dies erhöht Sie die Wahrscheinlichkeit, dass sie gewählt wird.

Gegenfrage

WORUM GEHT ES?

Eine Gegenfrage wirft den Ball dorthin zurück, wo er her-
kommt. Der Befragte gibt also keine Antwort, sondern stellt
selbst eine Frage.

> - „Wie meinen Sie das?"
> - „Wie darf ich das verstehen?"
>   (Auf die Frage: „Haben Sie nichts dagegen getan?")
> - „Was hätten SIE an seiner Stelle getan?"

WAS BRINGT ES?

Vorteile

Mit einer Gegenfrage kann der Befragte sich Luft verschaffen
und Zeit gewinnen. Dies kann aus verschiedenen Gründen
hilfreich sein, z.B. wenn

- Ihnen zunächst keine geeignete oder sinnvolle Antwort einfällt,
- Sie sich überfragt oder eingeengt fühlen,
- Sie eine Frage als aggressiv empfinden, daher abwehren und an sich abprallen lassen.

Sie gewinnen dadurch Informationen vom Fragenden, z.B. Hintergrund und Motiv seiner Frage. Diese Information kann Ihre eigene Antwort beeinflussen.

Verkäufer werden Gegenfragen gerne einsetzen, um die Bedenken des potentiellen Käufers zu entkräften. Auch Lehrende antworten gerne mit Gegenfragen, um Lernende zum Nachdenken zu bewegen.

- Mitarbeiter: „Warum exportieren wir nicht nach China?"
- Lehrender: „Eine gute Frage! Was glauben Sie, könnte der Grund sein?"

Nachteile

Eine Gegenfrage kann unhöflich, aggressiv oder defensiv wirken. Sie signalisiert, dass man nicht besonders gewillt ist, sich vom Fragesteller leiten zu lassen. Dies kann allerdings auch gute Gründe haben, z.B. wenn man sich eingeengt oder angegriffen fühlt.

Diesen Fragetyp gut überlegt und sparsam dosiert einsetzen.

Hypothetische Frage

WORUM GEHT ES?

Gedankenexperimente erweitern den „Möglichkeitssinn", den inneren Spielraum für Optionen (Simon 2015: 273). Befragte lassen sich in neue, mögliche und bisher unbekannte Welten führen:

- Was wäre, wenn?

Diese Frage wird indirekt gestellt, indem sie in eine Hypothese verpackt wird. Es wird ein Szenario konstruiert, eine hypothetische Situation oder eine „Als-ob"-Situation. Man stellt sich eine Situation vor und spielt sein Verhalten in Gedanken durch. Eine besondere Form ist die „Wunderfrage" (s. Kasten).

> - „Stellen Sie sich vor, Sie hätten 100.000 Euro zur Verfügung. Was würden Sie mit dem Geld machen?"
> - „Stellen Sie sich vor, Sie sind zehn Jahre älter. Wie möchten Sie leben und arbeiten?"
> - „Was wäre, wenn Sie noch einmal jung wären: welchen Beruf würden Sie wählen?"

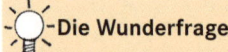 **Die Wunderfrage:**

„Angenommen, es würde eines Nachts, während Sie schlafen, ein Wunder geschehen und Ihr Problem wäre gelöst. Wie würden Sie das merken? Was wäre anders? Wie wird Ihr Partner davon erfahren, ohne dass Sie ein Wort darüber zu ihm sagen?" (De Shazer 2012: 24)

WAS BRINGT ES?

Vorteile

Die Frage stellt den Bezug zum Alltag her. Sie löst einen Denk- und Reflexionsprozess aus. Das Szenario erlaubt einen spielerischen Umgang mit Möglichkeiten und kreativen Ideen. Der Fragende erhält einen Einblick in die Denk- und Verhaltensmuster des Befragten.

Nachteile

Die Szenarios sind möglicherweise unrealistisch oder extrem. Der Befragte fühlt sich möglicherweise nicht ernst genommen und in seiner Privatsphäre verletzt.

Richtig eingesetzt, stärken hypothetische Fragen die Vorstellungskraft und Kreativität. So können verschiedene Möglichkeiten neu entdeckt und durchgespielt werden.

WORUM GEHT ES?

Der Impuls wird in der Didaktik besonders geschätzt (Orth 1992). Dieser endet nicht mit einem Fragezeichen, sondern mit einem Punkt oder Ausrufezeichen. Er ist also zunächst nur eine Feststellung, eine Aussage. Er greift entweder etwas auf, was zuvor gesagt wurde, oder stellt einen neuen Gedanken in den Raum.

- Interviewer: „In der Schulzeit hatten Sie ein Erlebnis, an das Sie sich heute noch erinnern."
- Moderator: „Der Hybridmotor hat also offenbar ein großes Zukunftspotenzial."
- Lehrender für Baugeschichte: „Die Fassade hat Merkmale, die auf eine bestimmte Epoche hinweisen."

Lehre allgemein:
- „Da stimmt doch etwas nicht."
- „Ich sehe hier einen Widerspruch."
- „Da ist doch irgendwo ein Fehler versteckt."

WAS BRINGT ES?

Vorteile

Der Impuls lässt so viel Freiraum, dass er dabei sogar die offene Frage noch übertrifft. Der Andere antwortet nicht, sondern führt den Gedankengang weiter. Er spricht mit demjenigen, der den Impuls gibt auf einer Augenhöhe. Mit dem Impuls halten Sie einen Dialog in Gang, ohne einzuengen. Die Wirkung ist ausgesprochen aktivierend: Im didaktischen Kontext fördert sie eine mentale „Schnitzeljagd".

Nachteile

Der rote Faden kann leicht verloren gehen. Dies lässt sich verhindern, wenn weitere Impulse folgen. Diese sollten das Hauptziel im Auge behalten und Zwischenergebnisse sichern.

Informationsfrage

WORUM GEHT ES?

Sie gehört zu den öffnenden Fragen, beginnt also mit einem Fragewort (Kap. 3.1). Man kann sie nicht einfach mit „Ja" oder „Nein" beantworten. Dennoch sind die Antworten meist kurz und bündig.

Diesen Fragetyp findet man häufig in Fragebögen oder Umfragen, um Informationen einzuholen. Ärzte setzen sie ein, um eine Anamnese zu beginnen. Verkäufer ermitteln damit Wünsche und Bedürfnisse der Kunden. Reporter sammeln damit Daten, Fakten und Zahlen.

- „Was machen Sie beruflich?"
- „Seit wann haben Sie die Beschwerden?"
- „Wie gestalten Sie den Tag?"
- „Seit wann gibt es das Unternehmen?"
- „Wofür möchten Sie den Computer einsetzen?"

WAS BRINGT ES?

Vorteile

Sie erhalten in kurzer Zeit genaue Information. Diese kann standardisiert werden, indem die Fragebögen einheitlich sind. Auf diese Weise erhalten Sie messbare und vergleichbare Daten.

Die Informationen können auch die Grundlage eines Gesprächs bilden und stehen damit am Anfang (s. Kap. 3.2).

Nachteile

Ein Gespräch kann dadurch kaum in Gang kommen. Der Fragende agiert, der Befragte reagiert.

- Diese Frageform eignet sich, um objektive Information zu erheben (Daten, Fakten, Zahlen). Und auch, um subjektive Informationen zu ermitteln (Bedürfnis, Interessen, Wünsche).
- Es lohnt sich, ein Repertoire solcher Fragen parat zu haben, die für das eigene Fachgebiet relevant sind.

Kontrollfrage

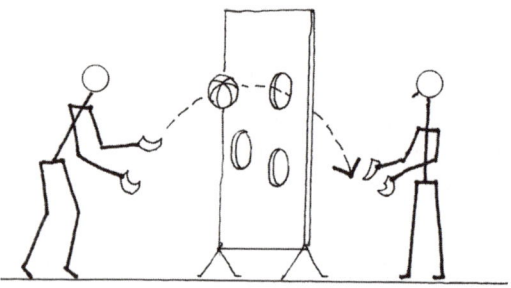

WORUM GEHT ES?

Diese Frage ist meist schließend oder geschlossen. Als Zuhörer fassen Sie mit eigenen Worten noch einmal zusammen, was der Sprecher gesagt hat. Damit vergewissern Sie sich, ob Sie Ihren Gesprächspartner richtig verstanden haben und ob Sie mental noch im „gleichen Boot" sitzen.

- „Habe ich Sie richtig verstanden: Sie suchen eine neue Stelle, weil Sie einen Umzug planen?"
- „Sie meinen also, der Vortrag sollte inhaltlich etwas abgeändert werden, damit er verständlicher wird?"
- „Wenn ich mich recht erinnere, sagten Sie beim letzten Mal, dass Ihr Vorgesetzter in Rente geht. Wie ist der heutige Stand?"

WAS BRINGT ES?

Vorteile

Die Kontrollfrage ist von grundlegender Bedeutung und wird häufig vergessen. Sie eignet sich, um Teilergebnisse des Gesprächs zu sichern, Missverständnisse und Unterstellungen zu verhindern. Wer sie in einem Gespräch regelmäßig anwendet, hat „Kontrollpunkte" eingebaut. Damit können Sie immer wieder überprüfen, ob Sie Ihren Gesprächspartner richtig verstanden haben oder ob sich ein Missverständnis eingeschlichen hat. Wer diese Frage vergisst, wird dies vielleicht erst am Ende des Gesprächs feststellen. Nach zwei Stunden ist es schwer oder unmöglich, die Kreuzung zu finden, an der die Wege auseinander gelaufen sind. Zugleich zeigen Sie, dass Sie das Zuhören ernst nehmen.

Nachteile

Kontrollfragen fahren das Tempo des Gesprächs herunter, und dies bewusst. Dies verhindert den hektischen Verlauf, der oft in Streit eskaliert.

- Der Zeitaufwand lohnt sich: Die Verständigung kann sich so verbessern. Erst recht viel Zeit kostet es nämlich, Missverständnisse nachträglich aufzudecken und zu korrigieren.
- Diese Frage eignet sich nach wichtigen Gesprächsabschnitten. So können Sie Teilergebnisse bestätigen und sichern.
- Diese Fragen fördern ein wohlwollendes Gesprächsklima. Sie zeigen, dass man das Zuhören ernst nimmt und damit auch das Gegenüber.

Prozessfrage

WORUM GEHT ES?

Mit dieser Frage begibt man sich in die Vogelperspektive und betrachtet die Situation sozusagen von oben. Sie löst sich von der inhaltlichen Ebene und bezieht sich auf den Gesprächsverlauf. Die Teilnehmer sehen es mit Distanz und fragen sich:

Woher kommen wir? Wo stehen wir gerade? Wohin möchten wir gehen?

WAS BRINGT ES?

Vorteile

Diese Frage eignet sich besonders für die Moderation von Gruppengesprächen. Die Gesprächspartner werden in die Entscheidung eingebunden, wie die nächsten Schritte aussehen sollen. Damit wird ihnen auch ein Stück Verantwortung übertragen.

- „Wie sollen wir jetzt weiter machen?"
- „Was schlagen Sie als nächsten Tagesordnungspunkt vor?"
- „Was macht es im Moment so mühsam?"

Nachteile

Als Fragender müssen Sie damit rechnen, dass die Teilnehmer den bisherigen Verlauf anders beurteilen als Sie. Oder dass die „Reise" eine andere Richtung nimmt, als Sie es geplant haben. Dies erfordert vom Moderator eine offene und flexible Haltung.

Bieten Sie der Gruppe zwei bis drei Optionen an, die zur Auswahl stehen. Auf diese können Sie sich vorher einstellen, sodass Sie auf jede Variante vorbereitet sind.

Reflektierende Frage

WORUM GEHT ES?

Die Reflektierende Frage ermöglicht es, das Thema in einem neuen Licht zu sehen. Diese kann neue Aspekte ins Spiel bringen, die bisher nicht oder kaum gesehen wurden.

WAS BRINGT ES?

Vorteile Wenn es bisher um die „Schattenseite" des Mondes ging, wenden Sie sich nun seiner Lichtseite zu. Wenn Ihr Gesprächspartner ständig „nörgelt", können Sie den Fokus auf die positiven Seiten lenken.

> Lehrer: „Ihre Tochter hat sich in Mathematik verschlechtert."
> - Eltern: „Heißt das, dass die Leistungen in den anderen Fächern gleich gut geblieben sind?"
> Bauherr: „Der Plan gefällt uns an zwei Punkten nicht."
> - Architekt: „Bedeutet das, dass er in allen anderen Punkten Ihre Zustimmung findet?"

„Ihr drittes Argument kann ich nicht nachvollziehen."
- „Sie stimmen also den ersten beiden Argumenten zu?"

Nachteile

Reflektierende Fragen verlangsamen das Gespräch und kosten Zeit.

- Diese Frage wird häufig unterschätzt und vernachlässigt.
- Sie kann die Aufmerksamkeit auf Aspekte lenken, die bisher nicht erwähnt oder vernachlässigt wurden, z.B. auf die positiven.
- Sie kann aufzeigen, dass das Problem nur ein Detail betrifft, nicht aber das Ganze.

Rhetorische Frage

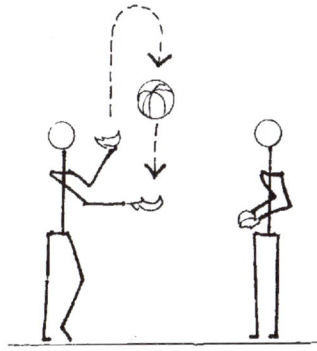

WORUM GEHT ES?

Wer diese Frage stellt, erwartet keine Antwort. Der Fragende gibt diese gleich selbst oder gar nicht. Es handelt sich um eine Art „Pseudofrage", also nicht um eine Frage im eigentlichen Sinn. Der Fragende bleibt letztlich in der Sprecherrolle. Er macht durch die Fragestellung, Betonung, Gestik und Mimik deutlich, welche Antwort er erwartet. Die Befragten bleiben letztlich in der Zuhörerrolle. Sie sollen die Antwort weniger sagen als vielmehr denken. Die rhetorische Frage wird gerne in Vorträgen, Reden und Büchern eingesetzt.

- „Warum ist es sinnvoll, sich mit diesem Thema zu beschäftigen? Weil ..."
- „Sollen wir uns nun mit diesem Problem abfinden? Ich meine nicht, denn ..."
- „Wer kennt diese Situation nicht: ..."

WAS BRINGT ES?

Vorteile

Diese Frage spricht den Zuhörer indirekt an und fordert ihn zum Mitdenken auf. Sie können damit dessen Aufmerksamkeit erhöhen, Interesse wecken und Spannung erzeugen. Oft wird sie in Vorträgen bei wichtigen Punkten oder Übergängen eingesetzt: zur Einleitung eines neuen Abschnitts oder Kapitels.

Nachteile

Es handelt sich um eine Scheinfrage, die möglicherweise einen Dialog verhindert. Diese Frage wirkt schnell überheblich und selbstsicher. Zu häufig eingesetzt, erzeugt sie beim Zuhörer das Gefühl, manipuliert zu werden und damit Widerstand.

- Die rhetorische Frage eignet sich besonders bei großen Gruppen, z. B. Vorlesungen oder Vorträgen.
- Im negativen Fall hat sie eine ähnliche Wirkung wie die Suggestivfrage (s. Kapitel 6) und kann zu manipulativen Zwecken missbraucht werden.

Skalierende Frage: Reihen bilden

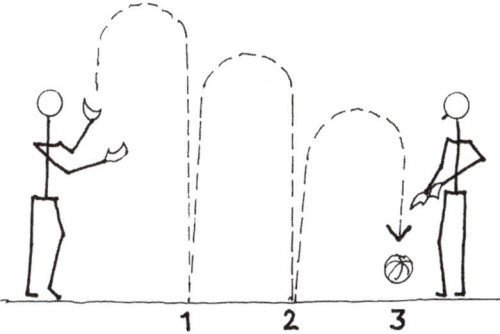

WORUM GEHT ES?

Diese Frage fordert den Gesprächspartner auf, eine Art Skala zu bilden. Ziel ist es, eine Reihenfolge oder Rangordnung zu bilden. Dies setzt voraus, dass es mehrere Optionen gibt. Außerdem Kriterien, um diese Möglichkeiten zu ordnen.

- „Wenn Sie sich Ihre Talente und Begabungen vor Augen halten: Wo sehen Sie Ihre größte Stärke, wo Ihre geringste? Und was steht dazwischen?"
- „Die Abgabefrist für das Projekt ist in wenigen Tagen. Welche der noch verbleibenden Aufgaben ist am wichtigsten, welche am zweitwichtigsten, welche am wenigsten wichtig?"
- „Wenn Sie sich für ein Projekt entscheiden dürften, bei dem Sie mitarbeiten können: Welches wäre Ihnen am liebsten, welches käme nicht in Frage, welches liegt in der Mitte?"

WAS BRINGT ES?

Vorteile

Die Frage macht Prioritäten deutlich, und zwar nicht nur dem Fragenden, sondern auch dem Befragten. Sie löst einen Reflexionsprozess aus. Sie ermöglicht, pauschale Urteile zu hinterfragen und „Wichtiges" von „Unwichtigem" zu unterscheiden. Was vorher angeblich gleichrangig oder gleichwertig war, erscheint nun in einem anderen Licht. Die Frage unterstützt Entscheidungen und Stellungnahmen.

Nachteile

Möglicherweise fällt es schwer, sich für eine Reihenfolge zu entscheiden. Dies kann mehrere Gründe haben, z.B.:

- Die Qual der Wahl: Es gibt zu viele Möglichkeiten.
- Das Kriterium, nach dem sich eine Rangfolge bildet, ist nicht eindeutig.
- Die Frage überrascht und braucht Bedenkzeit.

- Skalierenden Fragen fördern die Reflexion und unterstützen Entscheidungen.
- Zunächst das Kriterium klären, das für die Reihenfolge relevant ist.
- Geben Sie dem Befragten Zeit, bauen Sie Brücken.

Sokratische Frage

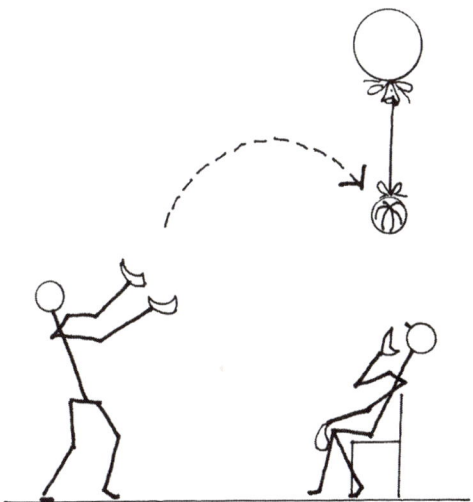

WORUM GEHT ES?

Sokrates war bekanntlich einer der bekanntesten „Fragekünstler". Er ging davon aus, dass jeder das Wissen und die Erkenntnis in sich trägt. Man muss ihm nur dabei helfen, selbst darauf zu kommen. Diesen Denkprozess vergleicht er mit einer Geburt, seine unterstützende Aufgabe mit der einer Hebamme („Mäeutik"). Im Mittelpunkt steht ein Gegenstand, der in einem Dialog untersucht werden soll. Sokratische Fragen erfüllen bestimmte Kriterien (Kessels 2001: 142 ff.). Sie sollen

- einfach formuliert sein, komplexe Begriffe sollen vermieden werden,
- ein allgemeines Problem betreffen, nicht nur individuell oder persönlich sein,
- grundlegender Natur sein, es soll um prinzipielle Dinge gehen,
- für den Beteiligten relevant sein,
- durch reines Nachdenken zu beantworten sein,
- an einem Beispiel konkretisiert werden, das der Gesprächspartner erlebt hat und einbringt.

> „Welches Maß an Flexibilität darf man von Mitarbeitern erwarten?"
> „Wie lassen sich individuelle Ziele mit den Zielen des Unternehmens verbinden?"
> „Inwieweit sind wir für die Folgen unseres Handelns verantwortlich?"
> „Was ist aktivierende Didaktik?"
> „Wann untergräbt unsere Flexibilität unsere Integrität?"

Die Sokratische Frage hat somit Ähnlichkeiten mit der Reflektierenden Frage.

WAS BRINGT ES?

Vorteile

Wir verinnerlichen Wissen dann, wenn wir es selbst erarbeitet haben. Sonst bleibt es an der Oberfläche, wird schnell vergessen oder über Bord geworfen. Sokrates ging es um das Tiefenwissen: Das Nachdenken ist zwar verlangsamt, dafür jedoch nachhaltiger.

Nachteile

Diese Methode braucht Zeit und Geduld, und zwar auf beiden Seiten: für Fragende und Befragte.

- Die Sokratische Frage setzt voraus, die eigene Auffassung und das eigene Wissen konsequent zurückzustellen, um den Denkprozess des Befragten zu fördern.
- Diese Methode eignet sich besonders für die Lehre und Moderation von Gruppen.

Zirkuläre Frage

WORUM GEHT ES?

Zirkuläre Fragen ermöglichen es, die „Brille" einer dritten Person aufzusetzen (Simon 2015: 7). Man kann „in die Schuhe" einer dritten Person schlüpfen und deren Perspektive vermuten. Dies kann in Abwesenheit, aber auch in Anwesenheit der betroffenen Person geschehen. Sozusagen „über deren Kopf" hinweg. Die zirkuläre Frage wird typischerweise in der systemischen Paar- und Familientherapie eingesetzt.

- „Wenn ich Ihre Frau fragen würde, was sie von Ihrem Plan hält: Was würde sie dazu sagen?"
- Wenn ich Ihren Kollegen fragen würde, wie es ihm mit dem gemeinsam genutzten Dienstzimmer geht: Was würde er wohl antworten?
- Wenn ich Ihr Team nach dem Arbeitsklima fragen würde: was würden einzelne Teammitglieder antworten?

WAS BRINGT ES?

Vorteile

Die Frage schlägt eine Brücke zum sozialen Umfeld und beleuchtet das Beziehungsnetz des Befragten. Dies fördert die Sensibilität und stärkt das Bewusstsein, nicht nur für sich selbst, sondern auch für die Mitmenschen verantwortlich zu sein.

Nachteile

Die Antwort ist zunächst einmal spekulativ und kann sich irren. Die Vermutung kann daher noch einmal überprüft werden, indem die betroffene dritte Person später selbst gefragt wird.

■ Zirkuläre Fragen wechseln die Perspektive, indem man sich in die Lage einer anderen Person hineinversetzt. Dies schafft Distanz zur eigenen Sichtweise und hilft, andere besser zu verstehen.

■ Diese Fragen betreffen nicht nur die kognitive Ebene (Gedanken, Meinungen, Standpunkte), sondern auch die emotionale Ebene (Gefühle, Bedürfnisse, Interessen).

Eine besondere Form der Zirkulären Frage ist die *Triade*. Eine Person wird jeweils über die Beziehung anderer Personen gefragt:

■ Frage an C: Was wird A über B denken, und umgekehrt?

■ Frage an D: Wie sieht die Interaktion von A und B aus der Perspektive von C aus?

6 Wie Sie eher nicht fragen sollten

> *Wenn ich nur die richtige Frage wüsste . . .*
> *Wenn ich nur die richtige Frage wüsste . . .*
>
> *Albert Einstein*

In der Fachliteratur werden mehrere typische Fehler unterschieden, die beim Fragen entstehen können (Birkenbihl 2013: 200 ff., Patrzek 2013: 215 ff.). Oft geschehen sie unmerklich und sind dem Fragenden nicht bewusst. Dennoch haben sie Auswirkungen: auf den Befragten und auf den weiteren Verlauf des Gesprächs. Es lohnt sich daher, sich einige Stolperfallen anzuschauen.

Die Antwort selber geben

WORUM GEHT ES?

Der Fragende wartet die Antwort gar nicht erst ab. Stattdessen meint er, die Antwort bereits zu kennen und liefert sie gleich mit.

„Warum haben Sie die Sitzung so früh verlassen? Sie hatten sicher das Gefühl, dass Ihr Redebeitrag absichtlich unterbrochen wurde.

WIE WIRKT ES?

Der Befragte kommt gar nicht erst zu Wort. Stattdessen wird er damit konfrontiert, was der Fragende vermutet. Diese Vermutung kann richtig oder falsch sein. Der Befragte fühlt sich manipuliert, als ob der Fragende ohnehin schon alles besser weiß.

WIE SIE ES BESSER MACHEN

Stellen Sie die Frage offen, und: ... Schweigen Sie! Wenn Ihr Gegenüber Zeit braucht, um in Ruhe nachzudenken: Lernen Sie, die Stille auszuhalten!

Suggestivfrage

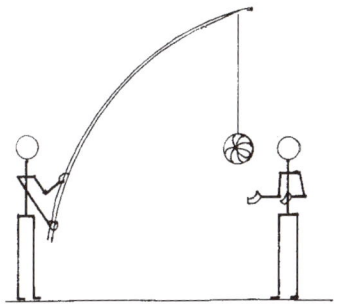

WORUM GEHT ES?

Der Fragende will eine bestimmte Antwort hören und den Befragten dorthin lenken. Die Antwort ist vom Fragenden indirekt vorgegeben. Sie wird als Unterstellung in die Frage „hineingelegt". Eine andere Antwort wird gar nicht erst abgewartet.

> - „Sie wollen sich doch sicher etwas dazu verdienen?"
> - „Sie wollen doch nicht behaupten, dass dieser Service zu teuer ist?"
> - „Sie sind doch sicher daran interessiert, etwas für Ihre Gesundheit zu tun?"

WIE WIRKT ES?

Der Befragte fühlt sich unfrei und in die Ecke gedrängt. Reflexartig gibt er entweder dem Druck nach („Ja, ja . . .") oder blockiert mit Widerstand („Nein, nein . . ."). Wenn er nachgibt, ist die Antwort nicht viel wert. In erster Linie ist es ein „Nachplappern" dessen, was von ihm erwartet wird. Später wird er dies vermutlich bereuen. So wird das Vertrauen und die Beziehung zum Fragenden belastet.

WIE SIE ES BESSER MACHEN

Halten Sie Ihre eigenen Emotionen, Wünsche oder Befürchtungen aus der Frage heraus. Vermeiden Sie, Ihren eigenen Anteil in der Frage zu verstecken. Stellen Sie die Frage offen und neutral.

Eigene Bedürfnisse, Emotionen und Interessen können Sie explizit und separat formulieren.

- „Ich würde mich freuen, wenn Sie diese zusätzliche Aufgabe noch übernehmen würden. Sie könnten damit noch etwas dazu verdienen."
- „Wie finden Sie das Verhältnis von Preis und Leistung bei unserem Service?"
- „Was bedeutet Ihnen Ihre Gesundheit?"

- Vermeiden Sie Suggestivfragen. Der Befragte fühlt sich manipuliert; wenn nicht gleich, dann später, wenn er mit Abstand darüber nachdenkt.
- Vermeiden Sie, in der Frage eigene Anteile zu verpacken. Formulieren Sie diese stattdessen zu einem anderen Zeitpunkt.

Mehrfachfragen

WORUM GEHT ES?

Der Fragende stellt mehrere Fragen gleichzeitig, ohne die Antwort abzuwarten.

„Was hat Ihnen im letzten Kurs am besten gefallen? Was fanden Sie nicht so gut? Und was haben Sie dort gelernt? Wie lange hat es gedauert?"

WIE WIRKT ES?

Der Befragte ist verwirrt und überfordert. Er greift eine Frage heraus, an die er sich am besten erinnert oder die er schnell beantworten kann. Die restlichen Fragen blendet er aus oder streift sie nur oberflächlich.

WIE SIE ES BESSER MACHEN

Vermeiden Sie, Ihr Gegenüber mit Fragen zu überhäufen. Stellen Sie lieber eine Frage nach der anderen und warten Sie erst einmal die jeweilige Antwort ab.

- „Was hat Ihnen im letzten Kurs am besten gefallen?"
  Antwort abwarten. Zuhören, vielleicht nachfragen.
- „Interessant. Und was fanden Sie nicht so gut?"
  Antwort abwarten, zuhören und nachfragen.
- „Das ist ein wichtiger Punkt. Und was haben Sie dort gelernt?"
  Antwort abwarten, zuhören, nachfragen.

WORUM GEHT ES?

Der Fragende hält zunächst einen kleinen Vortrag. Er holt weit aus und verliert sich in einem langen Vorspann. Nach diesem Monolog formuliert er endlich seine Frage.

> „Selbständiges Arbeiten und lebenslanges Lernen sind heute eine wichtige Voraussetzung im Berufsleben. Das Wissen ist so schnell überholt, dass kein Vorgesetzter alles wissen kann. Was der Chef damals im Studium gelernt hat, ist beim Abschluss seines Studiums schon zur Hälfte veraltet. Es macht keinen Sinn, Fakten auswendig zu lernen. Man kann auch nicht erwarten, dass der Chef alles weiß. Jeder Mitarbeiter muss heute in der Lage sein, sich die notwendige Information selbst zu beschaffen und sich ständig auf dem Laufenden zu halten.
> Inwieweit sind Sie in der Lage, selbständig zu arbeiten?"

WIE WIRKT ES?

Der Andere hat den Eindruck, als sitze er in einem Vortrag. Es ist ihm nicht klar, worauf der Redner hinaus will. Der Befragte wartet zunehmend angespannt auf das Ende und wird von der Frage schließlich „überrumpelt".

WIE SIE ES BESSER MACHEN

Fassen Sie sich möglichst kurz. Halten Sie nur dann einen Vortrag, wenn es zum Verständnis unbedingt nötig ist. Machen Sie dies Ihrem Gegenüber vorher klar, damit er sich darauf einstellen kann.

Fragekäfig

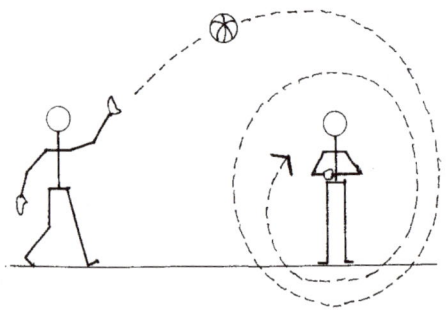

WORUM GEHT ES?

Die Fragen umgarnen den Befragten wie Spinnen ihr Beutetier. Die Fragen sind meist geschlossen, sodass nur noch kurze Antworten möglich sind: „Ja", „Nein","Doch". Die Fragen haben oft eine negative Richtung: abwerten unterstellen, misstrauen.

- A: „Warum haben Sie sich beworben?"
- B: „Ich suche eine neue Aufgabe."
- A: „Ihre bisherige Stelle hat Sie also nicht ausgefüllt?"
- B: „Doch, ich bin nur durch den privaten Umzug auf der Suche nach einer neuen Stelle."
- A: „Sie wollen also nur aus räumlichen Gründen bei uns arbeiten."
- B: „Nein, es ist ein Nebenaspekt."
- A: „Aber er ist Ihnen doch sicher nicht gleichgültig, wie weit Sie fahren müssen?"

WIE WIRKT ES?

Der Befragte fühlt sich wie in einem Käfig gefangen. Jede Frage ist wie ein neuer Gitterstab. Sein Spiel und Freiraum engt sich zunehmend ein. Er spürt ein Misstrauen und fühlt sich ausspioniert.

WIE SIE ES BESSER MACHEN

Prüfen Sie vorab, ob Sie Vorurteile haben. Seien Sie bereit, Ihre Einstellung zu korrigieren. Nehmen Sie eine möglichst wohlwollende Haltung ein. Lassen Sie Ihrem Gegenüber Luft zum Atmen.

Übung

Typische Fehler, die ich bei Fragen begehe:

1. ....

2. ....

3. ....

4. ....

5. ....

Wie ich es künftig besser machen möchte:

1. ....

2. ....

3. ....

4. ....

5. ....

7 Fragen für Führungskräfte

Eine Schlussfolgerung bezeichnet den Punkt,
an dem man des Denkens müde wurde.
Blaise Pascal

Die Kunst des Fragens setzt eine bestimmte Grundeinstellung voraus. Es ist diese Haltung, die den Unterschied macht: Geht es um Empathie, Erkundung, Kooperation, Hilfestellung und Unterstützung? Oder um Antipathie, Konfrontation, Ausnutzen und Im-Stich-Lassen?

Im positiven Sinne ist Fragen eine Art lautes Denken. Dabei ist der Fragende mindestens so unwissend wie der Befragte, in keinem Fall aber besserwisserisch oder allwissend. Wie von der emotionalen, sozialen oder spirituellen Intelligenz, sprechen Experten bereits von einer Frage-Intelligenz, dem IQQ (Intelligent Questioning Quotient).

Neben einer angemessenen Grundhaltung ist es hilfreich, sich ein Repertoire von konkreten Fragen anzulegen, die man in bestimmten Situationen parat hat. Im Folgenden erhalten Sie eine Auswahl an möglichen Fragen, die jeweils für einen bestimmten Kontext geeignet sind – ohne Anspruch auf Vollständigkeit (Finlayson 2005).

Diese „Fragen-Truhe" steht jeweils am Ende des Kapitels. Sie kann je nach Bedarf geöffnet und ausgepackt werden.

7.1 Fragen, die Kreativität fördern

Wichtig ist vor allem, dass man nie aufhört, Fragen zu stellen.
Es gibt einen Grund, weshalb die Neugier existiert.
Albert Einstein

Kreativität ist ein hohes Gut (Brunner 2008). In einem rohstoffarmen Land sind Ideen das kostbarste Rohmaterial. Hohe Staatsmänner wünschen sich daher „ein Land der Ideen".

Erfolgreiche Organisationen leben geradezu von Innovationen. In der Harvard Business Review wird das kreative Potenzial von Fragen betont, das Führungskräfte nicht unterschätzen sollten (LaBarre 2011). Kreative Unternehmer stellen gerne offene Fragen, besonders: *„Warum?"*, *„Warum nicht?"* und: *„Was wäre, wenn ...?"* (Dyer, Gregersen & Christensen 2009).

Kreatives Denken ist von Natur aus neugierig und lernt permanent dazu. Es stellt in Frage und spielt mit dem Unbekannten. Dieses „intelligente Spiel der Respektlosigkeit" (Finlayson 2005: 163 ff.) erfordert ein bestimmtes Klima. Dazu gehört in erster Linie eine positive Fragekultur. Führungskräfte sollten bereit sein, Kontrolle abzugeben sowie Freiheitsgrade, Spielräume und Experimente zuzulassen. Dies bedeutet auch, Denkpausen, Phasen der Stille und Konzentration zu ermöglichen. Ebenso, Fehler zuzulassen. Angst vor Fehlern erstickt den Keim der Kreativität. Eine Voraussetzung, um Kreativität zu fördern, ist daher eine konstruktive Fehlerkultur. Wer kreative Teams wünscht, braucht den Mut, der kreativen Intelligenz der Mitarbeiter zu vertrauen und daran zu glauben. Dazu sollten wir uns bewusst machen, wie notwendig, ja überlebensnotwendig Kreativität für die Zukunft einer Organisation ist.

 Schlüsselfragen für den kreativen Prozess

- Was wäre, wenn…?
- Warum nicht?
- Müssen wir es so machen?
- Was ist das Schlimmste/Beste, das uns passieren kann?
- Was ist davon das Gegenteil?

Fragen, die Routine und Prozesse hinterfragen

> *Kreatives Denken kann einfach die Erkenntnis sein,*
> *dass kein besonderer Wert darin liegt, die Dinge so zu tun,*
> *wie sie immer schon getan wurden.*
> Rudolf Flesch

Eine positive Fragekultur kann Kreativität fördern. Von der japanischen Art können wir nur lernen. Abläufe und Prozesse werden laufend untersucht und dann Schritt für Schritt verbessert. Dieser Prozess lässt sich in vier Stufen einteilen:

- *Vision*: Was wollen wir? Was wäre ideal?
- *Erkunden*: Welche Annahmen können wir in Frage stellen, hinterfragen? Was würde sich dann ändern?
- *Experimentieren*: Wie können wir die bestehenden Module neu kombinieren?
- *Modifizieren*: Wie können wir bisherige Abläufe verbessern?

Bestimmte Fragen sind in der Lage, kreatives Potenzial der Mitarbeiter freizusetzen.

 FRAGENTRUHE

- Welcher Bereich in eurer Abteilung braucht mehr kreativen Spielraum/kreatives Denken?
- Welche Grundannahmen, welche bisherigen Routineabläufe stellt ihr in Frage?
- Welche Abläufe dauern zu lang?
- Wo gibt es Beschwerden?
- Wo werden Ressourcen (Zeit, Energie, Material) verschwendet?
- Wo gibt es Missverständnisse?
- Verstehen wir die Lage wirklich richtig?
- Stellen wir die richtigen Fragen?

- Welche Ziele haben wir?
- Haben wir diese Ziele (noch) im Blick?

Fragen, die Teams auf Ideen bringen

Die Fähigkeit, schneller als Ihr Konkurrent zu lernen,
könnte Ihr einziger Wettbewerbsvorteil sein.
Arie de Geus

Wenn Mitarbeiter keine Phantasie und Imaginationskraft entwickeln dürfen, wird es die Konkurrenz tun. Viele Routine- und Verhaltensmuster, die heute selbst verständlich sind, sind morgen bereits überholt.

Kreativität kann man nicht unter Androhung von Strafe einfordern und auch nicht durch verlockende Anreize verlangen. Eine gute Idee entsteht häufig durch eine provozierende Frage. Kreativität bedeutet, zumindest in der Phantasie Grenzen zu übertreten und Gräben zu überspringen. Dazu gehört der Mut und auch Spaß, „Traumfragen" zu stellen, wie an eine „Gute Fee" (s. a. Hypothetische Frage, Kap. 5).

 Traumfragen

- Wenn Sie drei Wünsche frei hätten: Was würden Sie sich wünschen?
- Wenn Sie jegliche personelle Unterstützung hätten, die Sie brauchen: Wie würden Sie vorgehen?
- Wenn Sie genug Geld zur Verfügung hätten: Was würden Sie tun?

Traumfragen

 FRAGENTRUHE

- Wie empfinden Sie die gegenwärtige Situation?
- Warum sehen wir die Dinge so?
- Wenn Sie das Drehbuch schreiben könnten: Wie würde es jetzt weitergehen?
- Wäre es nicht großartig, wenn …?
- Welches ist in Ihren Augen das größte Problem?
- Wie wird es woanders/in anderen Branchen gelöst?
- Aus Ihrer Sicht: Welche drei Maßnahmen würden die Lage verbessern?
- Aus Ihrer Sicht: Welche drei Maßnahmen würden die Lage verschlechtern?
- Welches wäre die dümmste Maßnahme, die wir wählen könnten?
- Wenn Sie die Konkurrenz wären: Was würden Sie tun?

Fragen an Mitarbeiter, die bereits kreativ sind

Kreatives Denken hinterfragt, was ist, und fragt danach, was sein könnte. Fragen ermöglichen, Neues zu entdecken: andere Optionen, neue Konzepte, neue Methoden. Es setzt einen Prozess in Gang, der trennt und neu zusammensetzt.

> Die Aufmerksamkeit auf einen Punkt fokussieren:
> - Wo stehen wir jetzt?
> - Woher kommen wir?
> - Welche Richtungen stehen uns offen, sind möglich?
> - Wohin möchten wir gehen?

Mitarbeiter, die bereits in einem kreativen Projekt tätig sind, brauchen immer wieder Zugang zu ihren schöpferischen Quellen.

 FRAGENTRUHE

- Was wollen Sie schaffen, kreieren?
- Wie haben Sie es bisher gemacht?
- Wie effektiv/sinnvoll war diese Methode?
- Welche anderen Methoden gibt es?
- Warum tun Sie das, was Sie tun, auf diese Weise? Wie könnten Sie es anders tun?
- Wie können Sie dies oder jenes machen?
- Was würde geschehen, wenn …?
- Was wäre, wenn …?

Fragen, die die Entwicklung neuer Produkte fördern

Fragen sind wie Schlüssel, die neue Türen öffnen und neue Perspektiven erschließen. Um neue Angebote zu entwickeln, ist es sinnvoll, sich die Zielgruppe vor Augen zu halten.

 **FRAGENTRUHE**

- Wie nutzt die Zielgruppe Ihr Produkt/Ihre Dienstleistung?
- Welchen Stellenwert hat das Produkt im Leben der Zielgruppe?
- Inwiefern kann das Produkt/Angebot das Leben der Zielgruppe erleichtern/sinnvoller/wertvoller machen?
- Mit welchen Schwierigkeiten sind die Kunden konfrontiert?
- Was leistet unser Produkt/Angebot *nicht*?
- Was können wir am Produkt verändern (verkleinern, vergrößern, vereinfachen, verschönern, die Anwendung erleichtern, haltbarer, sicherer, verlässlicher, attraktiver machen)?
- Was wäre, wenn ...?

Fragen, die eine potenziell gute Idee testen

> *Eine wirklich gute Idee erkennt man daran,*
> *dass ihre Verwirklichung von vornherein*
> *ausgeschlossen erschien.*
> Albert Einstein

Der kreative Prozess erfordert einerseits Phasen der Stille, Ruhe und Konzentration, andererseits Phasen der Interaktion und des Austauschs. Eine Organisation, die Kreativität fördert, lässt Widersprüche und Paradoxien zu. Ist eine gute, kreative Idee geboren, kommt es darauf an, wie man mit ihr umgeht.

Wird sie belächelt oder lächerlich gemacht, so ist es vielleicht das einzige und letzte Mal, dass sich ein Mitarbeiter dafür engagiert. Eine gute Organisation behandelt neue Ideen wie ein rohes Ei.

FRAGENTRUHE

- Wie sind Sie/seid ihr auf diese Idee gekommen?
- Welchen Wert/Mehrwert verspricht diese Idee?
- Wie können wir diese Idee testen?
- Welche Abteilung kann diese Idee ausprobieren?
- Wann ist der richtige Zeitpunkt, sie zu testen?
- Wenn wir sie testen können, können wir dann ...?
- Wer sollte daran beteiligt sein?
- Wie/wann können wir das ausprobieren?
- Welche Konsequenzen sind zu erwarten (kurz-, mittel-, langfristig)?
- Welche Hinweise/Beweise brauchen wir, um die Idee zu bewerten?

7.2 Fragen für Meetings

In Organisationen spielt der Sitzungsraum eine große Rolle. Hier laufen viele Fäden zusammen: Beziehungsnetze knüpfen, Informationen sammeln, Probleme definieren und analysieren, Lösungsvarianten suchen, Evaluationen durchführen und Entscheidungen treffen. Angesichts der Bedeutung dieser Treffen ist es verwunderlich, dass die meisten Teilnehmer sich nicht gerade darauf freuen und sich dort auch nicht besonders wohl fühlen. Die Kunst des konstruktiven Fragens kann hier einen bedeutenden Unterschied machen. Eine positive Fragekultur hilft, die Beteiligten an Bord zu halten, Szenarien durch zuspielen sowie Pro und Contra abzuwägen. Ein Organisationsklima, das konstruktive Fragen zulässt, beeinflusst viele Faktoren: Stimmung, Qualität, Quantität, Zeit und Energieaufwand. Im Idealfall sollte es nicht der Chef sein, der das Meeting leitet. Sonst werden die wenigsten Teilnehmer den Mut haben, sich ehrlich zu äußern, aus Angst, abgelehnt, versetzt oder gar gekündigt zu werden. Die Leitung sollte eine eher neutrale Person haben, die nicht betroffen ist, keine eigenen Interessen verfolgt und sich ganz auf die Qualität des Ablaufs konzentrieren kann.

Ein runder Tisch hat den Vorzug, dass die Personen gleichwertig angeordnet sind. Der rechteckige Tisch dagegen schafft Hierarchien. Es folgen einige Fragen, die sich in bestimmten Situationen anbieten (ebd.: 182 ff.).

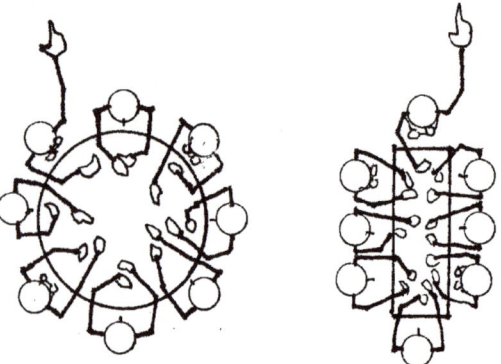

Fragen, die Sie zu Beginn und während des Meetings stellen können

Wenn sich Menschen in einem Team wohl fühlen, sind sie engagierter, loyaler und produktiver.

Ein guter Moderator achtet auf ein Klima, in dem konstruktive Fragen gestellt, beachtet und geschätzt werden. Er sorgt dafür, dass sich die Teilnehmer nicht durch ein „Trommelfeuer" ausgefragt oder gar verhört fühlen. Es geht vielmehr um eine bestimmte Haltung hinter den Fragen: achtsam, einfühlsam, fair, interessiert, offen und neugierig. Dazu gehörtes auch, stille und etwas schüchterne Teilnehmer zu ermutigen, ihre Gedanken einzubringen.

Beispiel für Prozessfragen

(nach Immanuel Kant, 1724 – 1804)

- Was können wir wissen?
- Was dürfen wir hoffen?
- Was sollen wir tun?

 FRAGENTRUHE

- Was wollen wir erreichen?
- Was wollen wir vermeiden?
- Wie gehen wir am besten vor?
- Wie wollen wir Entscheidungen treffen?
- Was müssen wir wissen, bevor wir etwas entscheiden?
- Was möchten wir lieber nicht herausfinden?
- Hat jemand eine Frage zu etwas, was er/sie nicht versteht?
- Kann uns jemand weiterhelfen?

Fragen, die Sie am Ende des Meetings stellen können

Vielleicht möchten Sie erfahren, wie das Meeting aus Sicht der Teilnehmer gelaufen ist. Was hat den Teilnehmern gut getan und gefallen? Was könnte beim nächsten Mal besser laufen?

 FRAGENTRUHE

- Wie lief das Meeting?
- Was haben Sie vermisst?
- Was würden Sie sich beim nächsten Mal wünschen?
- Hat sich die Zeit gelohnt, die Sie investiert haben?
- Haben wir geschafft, was wir uns vorgenommen haben?
- Haben Sie die Information erhalten, die Sie brauchen?
- Wurden die Informationen angemessen präsentiert?
- Haben Sie das Gefühl, dass Ihr Standpunkt beider Diskussion/Entscheidung genügend gehört/berücksichtigt wurde?
- Sind Sie mit den Entscheidungen auch rückblickend einverstanden/zufrieden?
- Was können wir tun, um den Ablauf des Meetings zu verbessern?

Blick in die Zukunft

Es ist eine spezifisch menschliche Fähigkeit, vorauszuschauen, was kommen könnte. Fragen wirken wie Scheinwerfer, die den Weg in der Dunkelheit beleuchten. Häufig wird vor lauter Routineaufgaben vergessen, den Blick von unten nach vorne zu richten. Dabei lohnt es sich, immer wieder anzuhalten, um in die Zukunft zu blicken.

FRAGENTRUHE

- Wenn wir an die nächste Generation denken: Wie sollen wir uns verhalten, was können wir tun?
- Welche Sorgen macht Ihr Euch um die Zukunft der Organisation/unseres Departments?
- Welche Trends könnt Ihr erkennen, die unsere Zukunft beeinflussen?
- Was müssen wir tun, um uns auf die Zukunft vorzubereiten?
- Wie sehen Sie den Markt von morgen?
- Welche Produkte/Serviceleistungen werden gefragt sein? Welche sollen wir ins Auge fassen?
- Wie wird unsere Zielgruppe aussehen?
- Welche Vorteile wollen wir der Zielgruppe bieten?
- Was wird das der Zielgruppe wert sein, wie viel wird sie dafür bezahlen?

7.3 Fragen an Teams

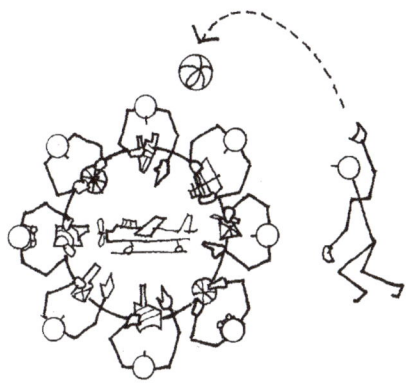

Teams können Gruppen sein, die auf engem Raum an einer Aufgabe arbeiten. Heute können sie auch weit verstreut sein und auf virtuellen Wegen miteinander kommunizieren. Ein gutes Team freut sich am Austausch, ist entscheidungsfreudig und strebt nach einem gemeinsamen Ziel. Gute Teams sind darauf angewiesen, dass die „Chemie stimmt". Wie in einem Orchester oder in einer Jazzband: Die Musiker setzen zusammen ein, nehmen Schwung auf, lassen die Töne erklingen und wieder abklingen, um sie schließlich gleichzeitig zu beenden. Alles, ohne ein einziges Wort: Es genügt ein Blick, ein Kopfnicken oder eine Handbewegung.

Wenn Ihr Team mit dem Projekt beginnt

Zu Beginn kann sich das Team kennen lernen, austauschen und orientieren. Dann auch Wege finden, die einzeln oder gemeinsam gegangen werden. Diesen Prozess können Teamleiter begleiten und unterstützen, was auch mit spielerischen Methoden geht (Brunner 2016). Mit Fragen können Sie herausfinden, welche Positionen die einzelnen Mitglieder bisher im Team einnehmen: Wer nimmt die Führungsrolle ein? Wer ist der stille Beobachter? Wer hat die kluge Beraterrolle? Gute Teamleiter achten darauf, auch die ruhigen und etwas schweigsamen Mitglieder zu fragen. *Stille Wasser sind oft tief!"* Auch Erwartungen können erfragt werden.

 FRAGENTRUHE

- Was erwartet man von Ihnen als Teammitglied?
- Was erwarten Sie vom Team?
- Was möchte/sollte das Team erreichen?
- Was wäre für uns ein Erfolg?
- Welche Art von Teamarbeit brauchen wir?

- Wie können wir uns gegenseitig unterstützen?
- Welche Pannen können passieren, was kann schief gehen?
- Was von dem, was wir tun, ist nicht mehr wichtig?
- Wie können wir die Arbeit angenehmer/effizienter gestalten?

Wenn das Projekt abgeschlossen ist

Ein Projekt ist erst dann richtig beendet, wenn Rückmeldungen darüber eingesammelt wurden, wie es aus Sicht der Teilnehmer gelaufen ist. Diese Feedback-Schleife ist ein unentbehrlicher Teil des Lernprozesses (Brunner 2010). Dies gilt auch dann, wenn der Verlauf anders war als erwartet. Dies kann verschiedene Gründe haben. Rückmeldungen sollte man daher nicht persönlich nehmen. Jeder Teilnehmer ist nämlich für das Gelingen mitverantwortlich. Auch die Rahmenbedingungen entscheiden darüber, ob ein erfolgreicher Verlauf möglich ist.

 FRAGENTRUHE

- Was ist gut gelaufen, was haben wir gut gemacht?
- Was ist weniger gut gelaufen?
- Was können wir daraus lernen?
- Wie können wir es das nächste Mal besser machen?
- Was hat dieses Projekt gebracht (z.B. den Service verbessert, die Beziehungen zur Zielgruppe verbessert)?
- Welche Ziele wurden erreicht?
- Welche Ziele wurden noch nicht erreicht?
- Welche Fähigkeiten der Mitarbeiter konnten eingebracht/genutzt werden? Welche nicht?

- Welche Rahmenbedingungen waren hilfreich? Welche nicht?
- Was haben wir gelernt, um bestimmte Probleme künftig zu vermeiden?

7.4 Fragen, die helfen, Probleme zu analysieren und zu lösen

Die häufigsten Fehler im Management entstehen dadurch, dass man sich zu sehr damit beschäftigt, die richtigen Antworten zu finden, statt nach den richtigen Fragen zu suchen.

Peter Drucker

Ein klassischer, professioneller Problemlöser ist der Arzt: Jeder Patient kommt mit mindestens einem Problem und erhofft sich eine Lösung.

Der Zyklus ist erst nach einer erfolgreichen Evaluation abgeschlossen.

Dabei ist zu bedenken, dass nicht alle gesundheitliche Störungen „heilbar" sind. Bei einem Großteil der Beschwerden handelt es sich um chronische Erkrankungen, mit denen man leben muss. Dabei kann eine professionelle Begleitung eine große Hilfe sein.

Der erste und wichtigste Schritt des Arztes ist die Anamnese: der Patient wird systematisch befragt. Dabei geht es zunächst darum, das akute Problem zu beleuchten und zu verstehen.

Patient kommt mit einem Problem (Beschwerden, Symptome).

Arzt erhebt eine Anamnese (systematisches Befragen: akute Symptome, Auslöser, Kontext, aktuelle Lebenssituation, Herkunft, Biografi e etc.).

Arzt beginnt mit der Untersuchung (Tests, Labordaten, Scanner etc.).

Arzt stellt eine Verdachtsdiagnose mit möglichen Alternativen (Differentialdiagnosen).

Arzt sucht die passende Therapie (Problemlösung) mit möglichen Alternativen (Differentialtherapien).

Fast jede Therapie hat auch Nebenwirkungen! Arzt klärt darüber auf und erwägt die Wirkungen gegenüber Nebenwirkungen.

Der Therapieverlauf wird beobachtet (Follow-up).

Der Therapieerfolg wird evaluiert: Sind die Symptome/Beschwerden abgeklungen? Ist die Störung/Erkrankung geheilt?

War die gewählte Therapie angemessen? Sind die Nebenwirkungen tatsächlich nebensächlich geblieben oder haben sie ein neues Problem erzeugt?
Falls die Störung chronisch geworden ist: Wie lässt sich damit auf Dauer leben?

Dieser medizinische Zyklus hat sich seit Jahrhunderten bewährt. Er eignet sich als Modell, um auch andere Probleme zu lösen.

Zehn Fragen der Problemlösung nach dem medizinischen Modell

1. Was ist das Problem?
2. Wo liegt die mögliche Ursache? Welche anderen Ursachen könnten es sein?
3. Welche Hinweise / Beweise können wir einholen, um die „Diagnose" zu überprüfen?
4. Welche Maßnahmen können das Problem beheben? Welche noch?
5. Kann die vorgeschlagene Maßnahme das Problem wirklich lösen?
6. Welche Vorteile hätte diese Maßnahme?
7. Welche Nachteile / Nebenwirkungen hätte diese Maßnahme?
8. Follow-up: Zeigt die gewählte Maßnahme die gewünschte Wirkung?
9. Welche Nebenwirkungen gibt es? Welchen Stellenwert nehmen sie ein? Sind sie akzeptabel oder erzeugen sie ein neues Problem?
10. Ist das Problem behoben? Oder müssen wir die Maßnahme ändern oder gar mit dem Problem leben?

Welche Brille möchten Sie aufsetzen?

Im Chinesischen hat das Wort „*Krise*" zwei Bedeutungen: Gefahr und Gelegenheit. Ähnlich ist es mit Problemen. Neben einer vordergründigen Schattenseite gibt es auch eine Lichtseite: die Chance, die Herausforderung (challenge). Es macht also einen großen Unterschied, wie Sie an ein Problem herangehen. Durch die negative Brille sieht man Defizite und Versagen. Durch die positive Brille sieht man „neue Ufer" und faszinierende Visionen.

Es ist daher kein Zufall, dass die klassischen Problemlöser, nämlich die Mediziner, ein Krankheitsbild häufig „spannend", „faszinierend" und „interessant" finden. Besonders dann, wenn es ausgesprochen schwierig scheint, die richtige Diagnose zu finden und helfen zu können.

Nicht personalisieren!

Eine große Versuchung ist es, einen Schuldigen, einen „Sündenbock" zu suchen. Dadurch wird das Problem personalisiert, was es meist nicht löst, sondern eher noch verschärft und zuspitzt (s. Abschnitt 4.1). Sinnvoller ist es, eine gewisse Distanz herzustellen und den Fokus auf das System, die Struktur und Rahmenbedingungen zu lenken. Hier können wir von der japanischen Methode des KAIZEN lernen (Haak 2006: 42 ff.). Dabei geht es um eine permanente, kontinuierliche Verbesserung des *Systems*, im Gegensatz zu dem „Bad-Apple-Konzept", das von einer schuldigen und letztlich „schlechten" *Person* ausgeht.

Es folgen einige Fragen, die sich bei Problemen anbieten (Finlayson 2005: 261 ff)

- Vorsicht mit Fragen, die eine Person betreffen (Warum haben Sie nicht..., Wer hat...). Sie klingen schnell, als ob ein Schuldiger gesucht wird (s.a. Abschnitt 3.1).
Stattdessen empfehlen sich Fragen, die auf das System zielen → Struktur, Prozess, Ergebnis:
  - Wie ...?
  - Was ...?
  - Wazu ...?
Diese Fragen fokussieren das sachliche Problem, lösen sich von der Person und sorgen für eine neutrale Sicht.

FRAGENTRUHE

- Das ist ein recht komplexes Problem und wir sind sicher nicht die einzige Abteilung/Organisation, die damit zu tun hat. Welche Gedanken haben Sie sich schon darüber gemacht?
- Woran könnte es liegen?
- Was könnten wir tun, um das Problem zu lösen?
- Was könnten wir tun, um das Problem künftig zu vermeiden?
- Wie können wir Ihnen dabei helfen?

Das Problem analysieren

Wenn Mitarbeiter mit einem Problem konfrontiert sind, geht es auch hier darum, dass Sie die richtige Grundhaltung einnehmen. Als Führungskraft sollten Sie vermeiden, dass sich die betreffenden Personen ausgefragt und schuldig fühlen. Je wohlwollender und offener Ihre Grundhaltung ist, desto mehr und ehrlichere Informationen werden Sie erhalten. Und diese Informationen sind notwendig, um das Problem zu verstehen und zu lösen. Andernfalls werden sich die betreffenden Mitarbeiter verschließen, was kontraproduktiv ist und das Problem nur vergrößert. Diese Phase entspricht der ärztlichen Anamnese und Untersuchung: Auch hier ist eine wohlwollende, offene Gesprächsatmosphäre entscheidend für die Qualität des weiteren Behandlungsprozesses (s. „Medizinisches Modell", Kap. 7.4).

Will man ein Problem sachlich analysieren, eignen sich „Warum"-Fragen (s. Abschnitt 3.1). Gründliche Problemlöser empfehlen, diese Frage nicht nur einmal, sondern fünfmal zu stellen. Oft erscheint die wahre Problemursache nämlich nicht bei den ersten, sondern bei den letzten Antworten. Hier ein Beispiel aus der japanischen Autoindustrie (Imai 2001: 94):

Frage 1: *Warum* ist die Maschine stehengeblieben?
Antwort 1: Die Sicherung ist wegen Überlastung durchgebrannt.
Frage 2: *Warum* war die Maschine überlastet?
Antwort 2: . . .
Frage 3: *Warum* wurde das Lager nicht richtig geschmiert?
Antwort 3: . . .
Frage 4: *Warum* funktioniert sie nicht richtig?
Antwort 4: . . .
Frage 5: *Warum* ist es ausgeleiert?
Antwort 5: Weil Schmutz hineingelangt ist.

FRAGENTRUHE

- Wie geht es Ihnen jetzt?
- Was denken Sie, was fühlen Sie?
- Können Sie mir beschreiben/erzählen, was genau geschehen ist?
- Wo/wann ist das Problem aufgetreten?
- Wie sieht es im Moment aus? Beschreiben Sie die Situation möglichst objektiv.
- Wie ist der aktuelle Stand?
- Was hat sich seit unserem letzten Gespräch verändert?
- Welche verlässlichen Informationen haben wir?
- Wann hat es angefangen?
- Wie hat es angefangen?
- Wann ist es besser?

Eine Lösung suchen

Um beim Medizinischen Modell zu bleiben, wird in dieser Phase nach einer möglichen „Therapie" gesucht. Jetzt sind die Ideen und Einfälle der Mitarbeiter gefragt. Wie in einem Brainstorming darf laut gedacht werden. Kostbar sind auch unkonventionelle und ungewöhnliche Gedanken; vielleicht führen gerade sie auf die Spur!

FRAGENTRUHE

- Was wollen wir erreichen?
- Worauf müssen wir uns konzentrieren?
- Wie können wir einen Plan entwickeln?
- Welche Lösungen kennen wir bereits, die in Frage kommen?
- Wenn die Ursache XY ist: Was würde das bedeuten?
- Was würde geschehen, wenn ...?

- Was wäre hilfreich?
- Welche Ressourcen brauchen wir?
- Welche Alternativen haben wir noch nicht berücksichtigt?
- Wie realistisch sind diese Optionen?

Bevor Sie sich für eine Lösung entscheiden

Um zu verhindern, dass man sich vorschnell auf eine Lösung festlegt, sollte man die Entscheidung prüfen. Oft sind Wirkungen und Folgen zu bedenken, die man im „Eifer des Gefechts" leicht vergisst. Es lohnt sich daher, verschiedene Wege zu vergleichen.

Schlüsselfragen für die Problemlösung

- Wie lässt sich die mögliche Lösung in einem Satz beschreiben?
- Welche Erfahrungen gibt es bereits damit?
- Welche Widersprüche gibt es?
- Warum nicht?

 FRAGENTRUHE

- Warum haben Sie gerade diese Lösung gewählt?
- Wie wollen Sie diese Maßnahme umsetzen?
- Mit welchen Einschränkungen müssen wir arbeiten?
- Welche Nachteile/Nebenwirkungen müssen wir kurzfristig in Kauf nehmen?
- Welche Informationen könnten unzutreffend sein?
- Welche Konsequenzen könnte das haben?
- Glauben Sie, das würde (besser) funktionieren?
- Warum, warum nicht?
- Welche Stärke sehen Sie bei dieser Maßnahme?
- Welche Schwachstelle sehen Sie bei dieser Maßnahme?

Eine Lösung umsetzen

Bevor eine Lösung realisiert wird, müssen einige Punkte ge-klärt werden. Bezogen auf das Medizinische Modell wird die geplante Therapie in die Tat umgesetzt.

 Halten Sie ein bis zwei Alternativlösungen in der Schublade. Darauf können Sie kurzfristig zurückgreifen, wenn die erste Lösung nicht funktioniert.

 FRAGENTRUHE

- Wer, wie, was, wann, wo?
- Wie können wir feststellen, ob die Maßnahmen etwas bewirken?
- Welche Arbeiten werden bei der Umsetzung notwendig sein
- Welche Ressourcen/Leute brauchen wir dafür?
- Welche Ergebnisse wollen/müssen wir erzielen?
- Wer benötigt dafür noch zusätzliches Training?
- Wie können wir dafür sorgen, dass Sie es erhalten?
- Wie können wir den Prozess möglichst einfach gestalten?
- Wie können wir Ihr Arbeitsumfeld so verbessern, dass Ihre Arbeit leichter wird?
- Welche Mittel/Ausstattung/Ausrüstung benötigen Sie, damit Ihre Arbeit leichter wird?

8 Fragen für lernende Gruppen

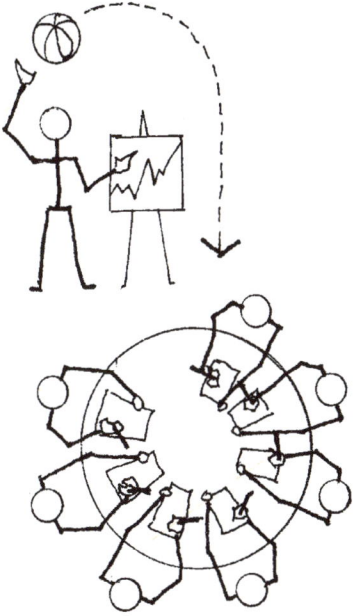

Die meisten [Lehrer] . . . fragen, um herauszubekommen, was der Schüler nicht weiß; während die wahre Fragekunst sich darauf richtet, zu ermitteln, was der andere weiß oder zu wissen fähig ist.

Albert Einstein

8.1 „Würden Sie bitte den Kurs übernehmen?"

Waren Sie schon einmal in der Situation? Sie werden gebeten, einen Kurs, ein Seminar oder eine Fortbildung zu übernehmen. Wenn nicht, wird es möglicherweise noch auf Sie zukommen. Vielleicht früher, als Sie denken. Wir leben in einer Zeit, in der Lernen nach der Ausbildung nicht aufhört. Die Zukunft gehört dem „lebenslangen Lernen". Immer mehr Einrichtungen möchten zum Kreis der „lernenden Organisation" gehören, in der Lernen als Haltung, als Kultur gepflegt wird. Zum Lernen gehört auch das Lehren. Also eine Person, die zum Lernen anleitet.

Nun sollen *Sie* diese Person sein. Auf einmal sitzt sie vor Ihnen, die lernende Gruppe: Kollegen aus einer anderen Abteilung, Chinesen, die Ihre Firma besuchen oder Studenten, die mit dem Praktikum beginnen. Sie wurden gebeten, den Nachmittag zu übernehmen. Den Teilnehmern wollen Sie ein Thema aus Ihrem Fachgebiet vermitteln und nahebringen. Natürlich sind Sie der Experte, nur: Wie schaffen Sie es, bei den Teilnehmern Interesse zu wecken, sie zum Nachdenken zu bringen und vor allem: Sie „bei der Stange" zu halten? Ein Albtraum wäre es, wenn den Leuten nach einer Weile die Augen zufallen. Sie haben schon ein Tagesprogramm hinter sich oder halten es vor Langeweile nicht mehr aus.

So viel steht jedenfalls fest: Sie wollen sich nicht einfach vorne hinstellen und einen Monolog halten. Das ist auch gut so, denn: „Frontalunterricht", der die Teilnehmer zu stummen Zuhörern und Konsumenten macht, ist für das Lernen nicht gerade förderlich. Das Gehirn lernt in einer passiven Haltung nicht besonders gut, es bleibt nur wenig „hängen". Diese neurowissenschaftliche Erkenntnis stellt zunehmend auch das Curriculum vieler Hochschulen in Frage, die noch immer meinen, mit großen Vorlesungen besonders „effizient" zu sein (Spitzer 2010: 210).

Stattdessen möchten Sie an moderne didaktische Methoden anknüpfen und die Zuhörer aktivieren. Eine gute Entscheidung! Unser Gehirn lernt am liebsten, wenn es durch eine Frage neugierig gemacht oder auf ein Problem gestoßen wird (ebd.: 149 ff.). Dann kann es sich damit auseinander setzen und im Idealfall: selbst auf die Lösung kommen.

Zu Beginn möchten Sie wissen, welche Vorkenntnisse die Teilnehmer haben. Sind vielleicht halbe Experten darunter? Oder haben die Teilnehmer noch nie etwas von Ihrem Thema gehört? Es ist gar nicht so leicht, geeignete Fragen zu finden. Im Folgenden erhalten Sie dazu einige Anregungen, die sich für lernende Gruppen eignen und den Lernprozess fördern. Freilich, es bleibt Ihnen überlassen, die Fragen abzuändern und an Ihre Situation anzupassen.

8.2 Teilnehmer aktivieren

Ein jeder Satz, den ich äußere,
ist Frage – und nicht Bestätigung.
Niels Bohr

Die folgenden Fragen haben also das Ziel, die Reflexion, das Nachdenken und den Dialog zu fördern. Sie können aus dem folgenden Repertoire diejenigen Fragen wählen, die am besten passen. Vielleicht genügt Ihnen auch schon eine einzige Frage, um die Neugier zu wecken. Lernen findet in verschiedenen Formen bzw. Stufen statt. Vereinfachend kann man die folgenden sieben Kategorien bilden.

Differenzieren, präzisieren

Unterscheiden, sortieren, ordnen, trennen, gruppieren, katalogisieren, systematisieren, strukturieren, konkretisieren, klären, präzisieren, Prägnanz schaffen

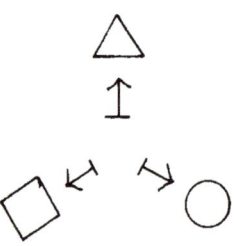

Fragen allgemein

- „Welches Beispiel fällt Ihnen dazu ein?"
- „Können Sie diesen Begriff definieren?"
- „Wie lassen sich diese Aspekte ordnen?"

- Teilnehmer: „In unserer Firma werden verschiedene Geräte hergestellt."
- Lehrender: „Welche Beispiele können Sie nennen?"
- Teilnehmer: „Die Inzidenz der Infektionskrankheiten ist evident."
- Lehrender: „Können Sie uns den Begriff ‚Inzidenz' erklären?"

Analysieren, ausleuchten

Untersuchen, vertiefen, hinterfragen, reflektieren, ausweiten, verbreitern, entfalten, ausfalten, entwickeln, relativieren, Standpunkt wechseln, Perspektive ändern, Position aufgeben, Dialog fördern.

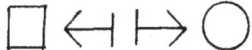

Fragen allgemein

- „Sind Sie sicher, dass dies stimmt?"
- „Was fällt Ihnen sonst noch dazu ein?"
- „Haben wir etwas vergessen oder nicht bedacht?"
- „Welche Möglichkeiten gibt es noch?"
- „Wer möchte sonst noch etwas dazu sagen?"
- „Könnten hierzu auch andere Standpunkte eingenommen werden?"
- „Lässt sich diese Information auch aus einem anderen Blickwinkel betrachten?"
- „In welchem Kontext wollen wir dieses Problem analysieren?"

- Teilnehmer: „Ein Manager muss doch immer selber wissen, wo es langgeht."
- Lehrender: „Gibt es hierzu auch andere Standpunkte?"
- Teilnehmer: „Die meisten Kinder, die viel fernsehen, sind auch übergewichtig."
- Lehrender: „Wer möchte sonst noch etwas dazu sagen?"
- Teilnehmer: „Arbeitslosigkeit ist doch die logische Folge der Automatisierung."
- Lehrender: „Sind Sie sicher, dass das stimmt?"

Messen, evaluieren

Gewichten, bewerten, Hierarchien bilden, in Beziehung setzen, abwägen, justieren, ausrichten, abschätzen, einschätzen.

Fragen allgemein

- „Wie würden Sie das gewichten, bewerten?"
- „Gibt es hier eine Rangordnung?"
- „Wie groß ist es? Sie dürfen raten, was schätzen Sie?"

> Lehrender: „Hier sehen wir eine Tabelle mit unterschiedlichen Energieträgern: Wind, Atom, Kohle, Öl, Holz, Sonne. Alle haben Chancen und Risiken. Wie würden Sie diese gewichten?"
>
> Lehrender: „Wir sehen hier eine Tabelle von Medikamenten gegen Bluthochdruck. Wenn Sie die Wirkungen miteinander vergleichen: Welche Reihenfolge ergibt sich?"
>
> Lehrender: „Wie viel Prozent der Bevölkerung rauchen in Deutschland? Bitte raten Sie, was schätzen Sie?"

Synthese bilden, anknüpfen

Verknüpfen, verbinden, Querverbindungen herstellen, in Beziehung setzen, Schlüsse ziehen, folgern, generalisieren, abstrahieren, Hauptnenner bilden, zusammenfassen.

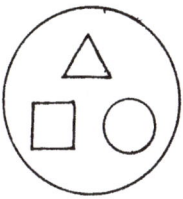

Fragen allgemein

„Wie würden Sie A und B miteinander in Verbindung bringen?"

„Was folgt daraus? Was wären die Konsequenzen?"

„Glauben Sie, dass zwischen diesen Aspekten ein Zusammenhang besteht?"

„Welches Prinzip können Sie dahinter erkennen?"

„Wie können wir den bisherigen Inhalt zusammenfassen?"

Teilnehmer: „Die demographische Alterspyramide verändert sich ja derzeit deutlich."
Lehrender: „Das ist richtig. Was sagen die heutigen Jugendlichen dazu?"
Teilnehmer: „Ich bin der Meinung, dass die Altstadt konsequent autofrei sein sollte."
Lehrender: „Wie würden die Geschäftsleute darauf reagieren?"
Lehrender (am Ende seiner Ausführungen): „Wie können wir den bisherigen Inhalt zusammenfassen?"

Kognitiv erfassen, verstehen

Erkennen, begreifen, verankern, orten, stabilisieren, fixieren, festmachen, sich festlegen, eingrenzen, abschließen, schließen, alle Teilnehmer ansprechen, Gruppe synchronisieren, Gruppe auf eine Ebene bringen, Konzentration herstellen, zentrieren, „auf den Punkt bringen".

Fragen allgemein

- „Was bedeutet das?"
- „Was ist eine mögliche Erklärung?"
- „Warum denken Sie so, warum glauben Sie das?"
- „Kommt das unter diesen Umständen vor? Wie wahrscheinlich ist es?"
- „Gibt es hierzu einen Konsens in der Gruppe?"
- „Was können wir bisher festhalten?"

Teilnehmer: „Wasser wird ja auch das flüssige Gold der Zukunft genannt."
Lehrender: „Das ist richtig. Und was bedeutet das?"

Teilnehmer: „Also, die Menschen leben doch immer länger."
Lehrender: „Das stimmt. Wie kommt das?"

Teilnehmer: „Bei Vollmond kann man schlecht einschlafen."
Lehrender: „Warum glauben Sie das?"

Vorsicht mit folgenden Fragen:
„Haben das jetzt alle verstanden?"
„Gibt es noch Fragen?"

Es ist wahrscheinlich, dass sich darauf niemand meldet. Heißt dies zwangsläufig, dass alle auch alles verstanden haben? Nein, im Gegenteil. Wer etwas nicht verstanden hat, hat nun eine hohe Hemmschwelle, sich zu melden. Er befürchtet, sich vor den Anderen zu blamieren, eine Ausnahme zu sein oder zu den „Dummen" zu gehören.

Das Gegenteil ist meist der Fall: Fragen zeigen, dass man mitdenkt. Ermutigen Sie die Teilnehmer daher dazu! Und dies mit offenen Fragen:

- „Welche Fragen sind jetzt noch offen geblieben?"
- „Wer hat jetzt noch eine Frage?"

Oder:

- „Wer kann es uns nochmal kurz zusammenfassen oder erklären?"

Autonom arbeiten

Sich engagieren, sich einsetzen, in Gang halten, reagieren, meditieren, sich selbstständig mit der Materie beschäftigen, sich erarbeiten, eigenverantwortlich, eigenständig.

Fragen allgemein

- „Möchten Sie dies nachschlagen, recherchieren?"
- „Wie wollen Sie hinsichtlich dieser Frage am Ball bleiben?"

> Teilnehmer: „Mobilfunkantennen sind doch gesundheits-
> schädlich."
> Lehrender: „Zu dieser Frage gibt es Studien in der Fachlite-
> ratur. Wer möchte dazu recherchieren und uns berichten?"
> Lehrender: „Das Thema ‚Erneuerbare Energie' entwickelt
> sich laufend weiter. Wie wollen Sie hierzu am Ball bleiben?"

Improvisieren, erfinden

Anregen, suchen, sich orientieren, andenken, spekulieren, vermuten, emotional gesteuert, innovativ denken, intuitiv erfassen, Kreativität entfalten, initiieren, Impuls setzen, einleiten, starten, in Gang setzen.

Fragen allgemein

- „Wie könnte es weitergehen?"
- „Welche Ideen kommen Ihnen dazu?"
- „Was fällt Ihnen sonst noch ein?"

> Lehrender (zur Konstruktion einer Brücke): „Wir sind also jetzt an diesem Punkt angekommen. Wie könnte es weitergehen?"
>
> Lehrender (zum Thema Industriedesign, am Beispiel ‚Teekanne'): „Hier gibt es mehrere Möglichkeiten. Welche Ideen kommen Ihnen?"

Alle genannten Fragen lassen sich jeweils in zwei Einheiten unter teilen:

- Aktivierende Fragen: Sie gehen vom Lehrenden aus. Dieser ergreift die Initiative, um die Teilnehmer in einen Dialog zu führen.
- Reagierende Fragen: Der Lehrende stellt sie, um die Aussage eines Teilnehmers zu hinterfragen.

9 Fragen, die Sie sich selbst einmal stellen können

Einige Menschen sehen die Dinge an, die da sind, und fragen:
„Warum?"
Ich träume von Dingen, die nie da waren, und frage:
„Warum nicht?"
George Bernard Shaw

Zum Schluss gibt es noch Fragen, die Sie bei Gelegenheit an sich selbst richten können. Sie basieren zum Teil auf Fragebögen, die Zeitungen und Zeitschriften gerne an prominente, herausragende Persönlichkeiten richten. Einige sind mit berühmten Namen verbunden, wie Marcel Proust oder Max Frisch.

Diese kleine Fundgrube dient auch der Selbstreflexion und der Selbsterkenntnis. Vielleicht gehören sie deshalb zu den wichtigsten Fragen. Denn schließlich sollten wir uns in erster Linie selbst befragen, unser Leben immer wieder hinterfragen und in Frage stellen. Manche Frage hat das Potenzial, Weichen neu zu stellen oder die Richtung zu ändern. Daran erkennt man eine „kluge" Frage: *„Sie kann die Art verändern, wie wir etwas wahrnehmen oder über etwas denken. Und das kann bei der Herbeiführung einer Veränderung behilflich sein"* (Berger 2014: 18).

Bei einer Tasse Tee
(in Salons von Marcel Proust ausgefüllt; FAZ-Feuilleton)

1. Was ist für Sie das größte Unglück?
2. Wo möchten Sie leben?
3. Was ist für Sie das vollkommene irdische Glück?
4. Welche Fehler entschuldigen Sie am ehesten?
5. Ihre liebsten Romanhelden?
6. Ihre Lieblingsgestalt in der Geschichte?
7. Ihre Lieblingsheldinnen in der Wirklichkeit?
8. Ihre Lieblingsheldinnen in der Dichtung?
9. Ihre Lieblingsmaler?
10. Ihr Lieblingskomponist?
11. Welche Eigenschaften schätzen Sie bei einem Mann am meisten?
12. Welche Eigenschaften schätzen Sie bei einer Frau am meisten?
13. Ihre Lieblingstugend?
14. Ihre Lieblingsbeschäftigung?
15. Wer oder was hätten Sie sein mögen?
16. Ihr Hauptcharakterzug?

17. Was schätzen Sie bei ihren Freunden am meisten?
18. Ihr größter Fehler?
19. Ihr Traum vom Glück?
20. Was wäre für Sie das größte Unglück?
21. Was möchten Sie sein?
22. Ihre Lieblingsfarbe?
23. Ihre Lieblingsblume?
24. Ihr Lieblingsvogel?
25. Ihr Lieblingsschriftsteller?
26. Ihr Lieblingslyriker?
27. Ihre Helden in der Wirklichkeit?
28. Ihre Heldinnen in der Geschichte?
29. Ihre Lieblingsnamen?
30. Was verabscheuen Sie am meisten?
31. Welche geschichtliche Gestalten verachten Sie am meisten?
32. Welche Reform bewundern Sie am meisten?
33. Welche natürliche Gabe möchten Sie besitzen?
34. Wie möchten Sie sterben?
35. Ihre gegenwärtige Geistesverfassung?
36. Ihr Motto?

Characters
(Quelle: managerSeminare)

1. Ihre beruflichen Stationen?
2. Was wären Sie geworden, wenn Sie nicht im Bereich ... gelandet wären?
3. Mit welchem Auftrag wären Sie gerne mal konfrontiert?
4. Welches Unternehmen würden Sie aus welchem Grund gerne beraten?
5. Wie sieht Ihr Arbeitsplatz aus?
6. Welche Veranstaltung verpassen Sie niemals?

7. Was lernen Sie als Nächstes?
8. Welche Eigenschaften hätte die Führungskraft, der Sie folgen würden?
9. Was ist Ihr Arbeitsmotto?
10. Welche Diskussion zum Thema Bildung regt Sie am meisten auf?

Über das Mensch Sein
(Max Frisch)

1. Sind Sie sicher, dass Sie die Erhaltung des Menschengeschlechts, wenn Sie und alle Ihre Bekannten nicht mehr sind, wirklich interessiert?
2. Warum? Stichworte genügen.
3. Wie viele Kinder von Ihnen sind nicht zur Welt gekommen durch Ihren Willen?
4. Wem wären Sie lieber nie begegnet?
5. Wissen Sie sich einer Person gegenüber, die nicht davon zu wissen braucht, Ihrerseits im Unrecht und hassen Sie eher sich selbst oder die Personda für?
6. Möchten Sie das absolute Gedächtnis?
7. (. . .)
8. Wen, der tot ist, möchten Sie wiedersehen?
9. Wen hingegen nicht?
10. Hätten Sie lieber einer anderen Nation (Kultur) angehört und welcher?
11. Wie alt möchten Sie werden?
12. Wenn Sie Macht hätten zu befehlen, was Ihnen heute richtig scheint, würden Sie es befehlen gegenden Widerspruch der Mehrheit? Ja oder Nein.
13. Warum nicht, wenn es Ihnen richtig scheint?

14. Hassen Sie leichter ein Kollektiv oder eine bestimmte Person und hassen Sie lieber allein oder in einem Kollektiv?
15. Wann haben Sie aufgehört zu meinen, dass Sie klüger werden, oder meinen Sie's noch? Angabe des Alters.
16. Überzeugt Sie Ihre Selbstkritik?
17. Was, meinen Sie, nimmt man Ihnen übel und was nehmen Sie sich selber übel, und wenn es nicht dieselbe Sache ist: wofür bitten Sie eher um Verzeihung?
18. Wenn Sie sich beiläufig vorstellen, Sie wären nicht geboren worden: beunruhigt Sie diese Vorstellung?
19. Wenn Sie an Verstorbene denken: wünschten Sie, dass der Verstorbene zu Ihnen spricht, oder möchten Sie lieber dem Verstorbenen noch etwas sagen?
20. Lieben Sie jemand?
21. Und woraus schließen Sie das?
22. (. . .)
23. Was fehlt Ihnen zum Glück?
24. Wofür sind Sie dankbar?

Sieben Fragen an das Leben
(Quelle: D. v. Nayhauß)

1. Welche Liebe macht Sie glücklich?
2. In welchen Momenten fühlen Sie sich lebendig?
3. An welchen Gott glauben Sie?
4. Hat das Leben einen Sinn?
5. Muss ich den Tod fürchten?
6. Was können Erwachsene von Kindern lernen?
7. Welchen Traum möchten Sie sich noch unbedingt erfüllen?

Zu Ende gedacht
(Quelle: Forschung & Lehre)

1. Ich beginne meinen Tag ...
2. Meine besten Einfälle habe ich ...
3. Wenn ich einen Rat brauche ...
4. Am meisten ärgere ich mich ...
5. Das nächste Buch, das ich lesen will ...
6. Wenn ich das Fernsehen anschalte ...
7. Energie tanke ich ...
8. Wenn ich mehr Zeit hätte ...
9. Mit einer unverhofften Million würde ich ...
10. Ich frage mich manchmal ...
11. Die Wahrheit zu finden ...
12. Das Bewusstsein von der eigenen Vergänglichkeit...
13. Kreativität entsteht ...
14. Freude an meinem Beruf ...
15. Die Zeit meines Studiums ...
16. Wissenschaftler sind Menschen ...
17. Wenn ich Wissenschaftsminister wäre ...
18. Der Fortschritt von Wissenschaft und Technik ...

Sagen Sie mal ...
(Quelle: Badische Zeitung)

1. Was kennzeichnet Ihre Arbeit?
2. Was wollten Sie als Kind werden?
   Zur Wohnstadt:
3.   Ihr Lieblingsplatz in ... ?
4.   Ihr Lieblingslokal in ... ?
5. Ihr Lieblingsfach in der Schule?
6. Worüber können Sie herzhaft lachen?
7. Was machen Sie gerne in der Freizeit?

8. Wann waren Sie zuletzt in der Kirche?
9. Wann waren Sie zuletzt im Kino?
10. Welches Buch hat Sie in jüngster Zeit am meisten beschäftigt?
11. Ihre Lieblingsseite im Internet?
12. Wovor haben Sie Angst?
13. Haben Sie ein Vorbild?
14. Was mögen Sie an sich selbst?
15. Was bringt Sie auf die Palme?
16. Ihr größter Erfolg?
17. Sie bekommen eine Zeitreise geschenkt – wohin reisen Sie?
18. Mit wem würden Sie gerne einmal einen Tag tauschen, und warum?
19. Ihre Traum-Schlagzeile in der Zeitung?
20. Angenommen, Sie gewinnen eine Million. Was machen Sie damit?

Bitte vervollständigen Sie:

21. Am Herd gelingt mir am besten ...
22. Wer es in meinem Job zu etwas bringen will, der ...
23. Die Zeit vergesse ich, wenn ...
24. Einmal im Leben will ich unbedingt ...
25. Als Oberbürgermeister/-in von ... (Wohnstadt) würde ich ...

Ich über mich
(Quelle: FAZ)

1. Ein guter Arbeitstag beginnt mit ...
2. Mein erstes Geld verdient habe ich ...
3. Wenn ich mir im Flugzeug einen Sitznachbarn wünschen könnte ...
4. Die Zeit vergesse ich ...

5. Die bislang teuerste Anschaffung meines Lebens ...

6. Ich habe schon immer ...

7. Ich habe noch nie ...

8. Wer es in meinem Geschäft (Beruf) zu etwas bringen will ...

9. Mein peinlichstes Erlebnis war ...

10. Es bringt mich auf die Palme ...

11. Ich bringe andere auf die Palme ...

12. Ich verreise nie ohne ...

13. Mit 18 Jahren wollte ich ...

14. Heimat bedeutet für mich ...

15. In meinem Lebenslauf steht nicht ...

16. Mein Weg führt mich ...

Antworten von ...
(Quelle: Benediktinerkloster Münsterschwarzach)

1. Was würden Sie am liebsten abschaffen?

2. Wer ist Ihr größtes Vorbild?

3. Wie heißt Ihr Lieblingslied?

4. Mit welchem Tier würden Sie gerne spielen?

5. Sind Sie eher ein Stadt- oder ein Landmensch?

6. Wovor haben Sie Angst?

7. Wann bekommen Sie Schweißperlen auf der Stirn?

8. Was macht Ihnen Mut?

9. Wann hatten Sie Ihren größten Glücksmoment?

10. Welches war das zentrale Ereignis in Ihrem Leben?

Gesundheit!
(Quelle: C. Beilfuß)

1. Woher beziehen Sie Ihre Energie?

2. Wo verzeichnen Sie die höchsten Energieverluste?

3. Welche Bemühungen setzen Sie dagegen?
4. Woran merken Sie, dass sich Ihre Energiereserven erschöpfen?
5. Welchen Ausgleich bieten Sie sich dann an?
6. Worin sehen Sie im Moment die größten Risikofaktoren für Ihre Gesundheit?
7. Und wie gehen Sie damit um?
8. Wie definieren Sie persönlich Stress?
9. Wie behalten Sie dabei die gute Laune?
10. Was wirkt am besten, um stressige Tage gut zu überstehen?
11. Wie sieht danach Ihre Form von Entspannung aus?
12. Wie zufrieden sind Sie mit Ihrer Lebensqualität?
13. Was darf gern so bleiben, wie es ist?
14. Wo wünschen Sie sich Veränderungen?
15. Wie sieht eine gute Balance (beruflich – privat) für Sie aus?
16. Welchen Stellenwert messen Sie dem Thema Gesundheit innerhalb Ihrer Teamführung bei?
17. Was halten Sie für ungesund in Ihrem Team?

Glück
(Quelle: R. Dobelli)

1. Was genau macht am Glück glücklich?
2. Wissen Sie, was Sie glücklich macht?
3. Genießen Sie Ihr Glück lieber allein oder in der Gemeinschaft?
4. Wissen Sie, was Sie wollen?
5. Ist die Absenz von Leiden schon Glück?
6. Wo sehen Sie die größte Gefahr für Ihren Frohsinn?

Geht ja doch! Wie Sie mit fünf Fragen Ihr Leben verändern
(Quelle: C. Nussbaum)

1. Warum nicht? Was uns daran hindert, das zu tun, was wir wollen.
2. Warum? Wie wir unseren Geht-doch-Booster aktivieren.
3. Was? Wie wir ins Handeln kommen.
4. Wie? Wie wir auf Erfolgskurs gehen und bleiben.
5. Wann? Endlich loslegen.

Fragen, die sich Führungskräfte selbst stellen sollten
(Quelle: C. Clarke-Epstein)

1. Was bedeutet Führen?
2. Wie geht es Ihnen als Führungskraft?
3. Was soll von Ihnen in Erinnerung bleiben?
4. Sind Sie glücklich?
5. Wovor haben Sie Angst?
6. Sind Sie sicher, dass Sie Fragen stellen wollen?

Leben Sie jetzt die Fragen. Vielleicht leben Sie dann allmählich, eines fernen Tages in die Antworten hinein.
Rainer Maria Rilke

10 Zu guter Letzt

Widerspreche ich mir?
Na gut, dann widerspreche ich mir.
Walt Whitman

Fragen ist eine hohe Kunst. Leicht gerät man dabei in eine Falle: der besserwissende „Oberlehrer" mit erhobenem Zeigefinger und verbissener Miene.

Die Kunst ist vielmehr, ein wohlwollendes und freundliches Klima zu schaffen. Ein Lächeln kann viele Worte ersetzen. Humor ist bekanntlich der Humus, wo Humanität aufblühen kann. Hier schließt sich der Kreis zu *Momo* (s. Kapitel 2).

Wenn Sie nach dem Lesen bewusster fragen, auch einmal anders fragen oder auf das Fragen verzichten, und insgesamt besser zuhören lernen, hat der Band sein Ziel erfüllt.

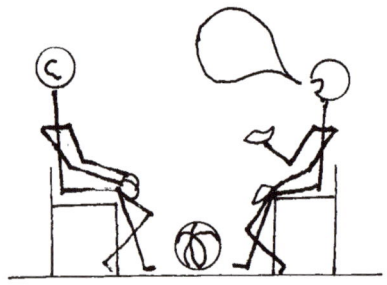

11 Anhang: Quizfragen

Zum Download: Quizfragen zur Wiederholung und Überprüfung

Unter *downloads.hanser.de\978-3-446-45034-9* finden Sie Quizfragen mit Lösungen. Damit können Sie Inhalte wiederholen und überprüfen, was Sie sich gemerkt haben bzw. was für Sie besonders bedeutsam ist. Die Fragen sind nach Kapiteln geordnet, damit Sie dort nachlesen können.

Viel Spaß bei dem Quiz!

12 Literatur

Bay R. Erfolgreiche Gespräche durch aktives Zuhören. Expert Verlag, Renningen 2014

Berger W. Die Kunst des klugen Fragens. Berlin Verlag, Berlin 2014

Birkenbihl V. Fragetechnik schnell trainiert. mvg Verlag, Heidelberg 2013

Blickhan C. Die sieben Gesprächsförderer. Miteinander reden lernen. Junfermann Verlag, Paderborn 2007

Bodenheimer A. Warum? Von der Obszönität des Fragens. Reclam Verlag, Stuttgart 2011

Brunner A. Schlüsselkompetenzen spielend trainieren. Teamspiele von A – Z mit wissenschaftlicher Hinführung, Geschichte, Hintergrund. De Gruyter Oldenbourg Verlag, Berlin München 2016

Brunner A. Ordnung ins Chaos. Hanser Verlag, München 2013

Brunner A. Feedback als Schlüsselelement einer Lehr- und Lernkultur. Das Gesundheitswesen 2010; 72
Teil I: (10): 749 – 758
Teil II: (11): 840 – 850

Brunner A. Kreativer denken. Konzepte und Methoden von A – Z. Oldenbourg Verlag, München 2008

Buber M. Das dialogische Prinzip. Lambert Schneider Verlag, Gerlingen 1997 (Original 1962)

De Shazer S., Dolan Y. Mehr als ein Wunder. Carl Auer Verlag, Heidelberg 2011

De Shazer S. Der Dreh. Carl Auer Verlag, Heidelberg 2012

Duden. Etymologie. Herkunftswörterbuch der deutschen Sprache. Band 7. Dudenverlag, Berlin 2014

Dyer J. H., Gregersen H. B., Christensen C. M. The Innovator's DNA. Harvard Business Review 2009; 12: 61–67

Ende M. Momo – oder Die seltsame Geschichte von den Zeit-Dieben und von dem Kind, das den Menschen die gestohlene Zeit zurückbrachte. Pustet Verlag, Regensburg 1973

Finlayson A. Gute Frage! 1000 Fragen, die in jeder beruflichen Situation weiterhelfen. Redline Wirtschaft, Frankfurt 2005

Grochowiak K., Heiligtag S. Die Magie des Fragens. CNLPA-Verlag, 2011

Haak R., Haak U. Managerwissen kompakt: Japan. Hanser Verlag, München 2006

Hahn R., Stickel N. Gut gefragt ist fast gewonnen. Erfolgreiche Fragetechniken für Beruf und Privatleben. Rowohlt Taschenbuch Verlag, Reinbek 2000

Hemel U. Wert und Werte. Ein Leitfaden für Manager – ein Leitfaden für die Praxis. Hanser Verlag, München 2007

Hesse H. Der Beichtvater. In: Das Glasperlenspiel. Suhrkamp Verlag Frankfurt 2001

Heyse V, Schircks A. D. Kompetenzprofile in der Humanmedizin. Waxmann Verlag, Münster 2012

Imai M. Kaizen. Ullstein TB-Verlag, München 2001

Kessels J. Die Macht der Argumente. Die sokratische Methode der Gesprächsführung in der Unternehmenspraxis. Beltz Verlag, Weinheim/Basel 2001

LaBarre P. The Question that will change your Organization. Harvard Business Review 2011/11 (hbr.org)

Lautrette A. et al. A Communication Strategy and Brochure for Relatives of Patients Dying in the ICU. New England Journalof Medicine 2007; 356(5): 469 – 478

Lilly C. M., Daly B. J. The Healing Power of Listening in the ICU. New England Journal of Medicine 2007; 356(5): 513 – 515

Nichols M. P. Die Kunst des Zuhörens. Rowohlt Verlag, Reinbek 2002

Orth P. Neunzehn Regeln für ein gutes Klassengespräch. Pädagogik 1992; 9: 44–47

Patrzek A. Fragekompetenz für Führungskräfte. Handbuch für wirksame Gespräche mit Mitarbeitern. Rosenberger Fachverlag, Leonberg 2013

Prior M. MiniMax-Interventionen. Carl-Auer Verlag, Heidelberg 2013

Simon F., Rech-Simon C. Zirkuläres Fragen. Systemische Therapie in Fallbeispielen: Ein Lehrbuch. Carl-Auer Verlag, Heidelberg 2015

Spitzer M. Medizin für die Bildung. Ein Weg aus der Krise. Spektrum Akademie Verlag, Heidelberg 2010

Stoffel W. Geschickt fragen. So überzeugen Sie in jeder beruflichen Situation. Fit for business, Walhalla-Fachverlag, Regensburg/Düsseldorf 1999

Straß U. Hilfreiches Fragen. Books on Demand, Norderstedt 2007

Torralba F. Die Kunst des Zuhörens. Beck Verlag, München 2007

Zielke W. Frag Dich vorwärts. Eine gute Frage ist eine halbe Antwort. Moderne Industrie Verlag, Landsberg 1985

Quellen der Fragebögen:

Zeitschriften:

Badische Zeitung

Benediktinerkloster Münsterschwarzach

FAZ-Beruf

FAZ-Feuilleton (faz.net): In Salons zur Zeit von Marcel Proust

Forschung & Lehre

managerSeminare

Beilfuß C. Ein Himmel voller Fragen. Carl-Auer Verlag, Heidelberg 2015

Clarke-Epstein C. 78 Schlüsselfragen, die jede Führungskraft stellen und beantworten sollte. Linde Verlag, Wien 2003

Dobelli R. Wer bin ich? 777 indiskrete Fragen. Diogenes Verlag, Zürich 2007

Frisch M. Fragebogen. Fragebogen 1. Suhrkamp Verlag, Frankfurt 1992

Nayhauß D. v. 7 Fragen an das Leben. Edition Braus, Wachter Verlag, Heidelberg 2005

Nussbaum C. Geht ja doch! Wie Sie mit 5 Fragen Ihr Leben verändern. Gabal Verlag, Offenbach 2015